分寸感

学会高质量社交

汤米 著

人民邮电出版社
北　京

图书在版编目（CIP）数据

分寸感：学会高质量社交 / 汤米著. -- 北京：人民邮电出版社，2024.8. -- ISBN 978-7-115-64632-3

Ⅰ. C912.11-49

中国国家版本馆CIP数据核字第2024B2S607号

内 容 提 要

人际交往是一门艺术，无论是爱情、亲情、职业发展还是个人成长，我们都少不了跟人打交道。不夸张地说，人际关系的质量影响我们的一生，那些会与人打交道的人往往更容易成功，他们能够将有限的精力用在高质量社交中，从中获得情感滋养及有力的支持，而影响人际关系非常重要的因素是"分寸感"。

没有分寸感的人在社交中往往容易吃亏，他们可能不了解社交的本质；可能不了解自己的特质，如容易脸红、容易受伤的原因；他们也可能在社交中总是做费力不讨好的事，白白浪费自己的时间和情感，还可能招致误解和伤害。本书正是为了帮助人们学会高质量社交而设计的。本书包括四篇。第一篇：成年人的社交是一种选择，主要讲解社交的本质和特点；第二篇：了解自己才能发挥社交优势，帮助读者探索自我；第三篇：社交中，不做费力不讨好的事；第四篇：从被动社交到掌握主动权。

本书能够帮助读者理解社交的本质、获得更高品质的人际关系，适合想了解人际关系，想获得高质量社交的读者阅读。

◆ 著　　　汤 米

责任编辑　黄文娇

责任印制　彭志环

◆ 人民邮电出版社出版发行　　北京市丰台区成寿寺路 11 号

邮编 100164　电子邮件 315@ptpress.com.cn

网址 https://www.ptpress.com.cn

北京天宇星印刷厂印刷

◆ 开本：880×1230　1/32

印张：6.5　　　　　　　　　　　2024 年 8 月第 1 版

字数：110 千字　　　　　　　　2025 年 11 月北京第 5 次印刷

定 价：49.80 元

读者服务热线：（010）81055656　印装质量热线：（010）81055316

反盗版热线：（010）81055315

目录

第一篇

成年人的社交是一种选择

时间宝贵，请远离消耗你的人

　　小时候我们经常会有这样的疑问，父母好像很少参加聚会，自己则不断地认识新朋友、接触新的圈子。直到有一天自己真正步入社会，才发现自己好像也变成了这样的人，跟朋友聊天的次数越来越少，圈子越来越小，生活逐渐归于平淡。这其实体现了成年人社交的选择偏向性，这不是特定时期的产物，而是一直存在的社会现象。

　　美国斯坦福大学心理学家劳拉·卡斯滕森提出了社会情绪选择理论。该理论认为，导致个人对朋友选择倾向发生变化的核心是对未来个人时间和死亡可能性的明确理解。简单来说，人们在逐渐成熟和衰老的过程中，在内心会对朋友不断进行筛选。为了适应不同年龄段的心理状态，为了更好地与人相处，让自己感受到更多的快乐，人们会有选择性地筛掉一些对自己的生活、工作没有帮助，甚至会产生负面影响的人，然后把精力放在关系最好的几个朋友身上。

相比之下，那些更年轻的群体追求的则是新鲜感和互动性，而不会在朋友的质量、数量方面有过多的限制。并且，这一现象不仅仅出现在人类社会，在动物的世界中也是一样。

权威学术期刊《科学》杂志曾刊登过一项针对大猩猩的研究，人类学家与心理学家在 1995 年到 2006 年期间，针对乌干达基巴莱国家公园从青年（15 岁）到暮年（58 岁）的 21 只雄性大猩猩进行了超过 7.8 万小时的行为观察，最后发现，年长的大猩猩更喜欢和从小就与自己建立起友谊关系的大猩猩交往，而年轻的大猩猩则没有这种表现。

➲ 社交选择偏向性的具体表现

1. 有选择地与特定的个人和群体交往

研究人员发现，那些年长的大猩猩更喜欢坐在与自己亲近的大猩猩旁边，这种行为模式与人类接近。随着年龄的增长，人们会更喜欢与同样在意自己的朋友交往，形成高质量、稳定的情感支持群体，而不喜欢冒险接近那些可能并不喜欢自己的人，因为有可能会被拒绝，进而产生消极的情绪体验。

2. 倾向于选择积极的群体

年长的大猩猩更倾向于与行为、动作积极的大猩猩交往。人类同样如此。随着年龄的增长，人们承担的角色和责任与日俱增，没有更多的时间和精力进行无效社交了，于是会舍弃一些没必要、消极的互动。简单来说，就是选择与那些让自己舒服的人交往，这其实是一种积极的断舍离。

3. 越年长，越喜欢独来独往

随着年龄的增长，雄性大猩猩的群居习性呈现出下降的趋势，独来独往的行为随年龄的增长而增加。这种社交选择偏向是不断筛选稳定的未来伴侣或群体的一种方式，体现了物种的适应性，这也与人类的行为习惯非常接近。

◯ 放弃无效社交

在生活和工作中，也许我们结交过一些自己并不喜欢的人；或者曾经为了维持一些并不深入的关系，付出了很多心血，却没有得到应有的回应，甚至遭到背叛和诬陷，这些都是典型的无效社交，无效社交让我们丢失了自我价值感，成为"讨好者"。

美国作家哈丽雅特·布莱克在《取悦症：不懂拒绝的老好人》一书中首先提出了"讨好者"的概念，这类人总是将身边人的需求放在第一位，不断消耗自己的能量，这其实不利于关系的健康发展。在每一段真挚的友情中，都不应该有绝对"讨好者"的存在，不平等的地位只会导致关系崩塌。当在关系中感受到不平等时，我们需要及时进行自我了解和自我察觉。

其实每个人的自我都很复杂，也可以说可能每一个面具下的自己都是衍生性格的一部分，这就需要我们多对自己进行研究，最终目的是更了解自己，在与他人的关系中感觉更舒适、更幸福。

但主观幸福感的提升一定是长期努力的结果，当我们对自己有准确的认知后，会寻找属于自己的生活方式，这个过程比讨好、迎合他人更重要。

对于成年人来说，无效社交不如高质量独处。德国哲学家叔本华曾说过——只有当一个人独处的时候，他才可以完全成为自己。独处不是难事，但高质量独处并非易事，这是一种能力，也是一种选择。

➲ 享受高质量独处

说到高质量独处，就不得不提到一个人——美国绘本作家塔莎·玛朵，受《瓦尔登湖》一书的影响，塔莎·玛朵钟情于无人打扰的生活。身边的人对她的评价也是钟情于独处、不喜社交，人多的场合更是能不出现就不出现。在她 57 岁那年，她做了一个决定，搬到佛蒙特州去感受田园般的生活。在那里，她做了一件自己一直想做的事情，在近 10 平方公里的荒地里，她建起了农房和谷仓，房子外面还有一个非常大的花园，并种上了自己喜欢的蔷薇、郁金香、山茶花等。她每天的生活就是种花、喂鸡鸭羊、看书、写作、画油画、做手工，开始了自给自足的田园生活。她非常享受这样远离尘世的高质量独处生活，即使他人认为这样的生活太孤独了，她却说："只有体会过的人才能够了解，这样内心充盈的生活多么来之不易，多么难能可贵。"

高质量独处的好处有很多。在这个高速运转的社会，成年人能够拥有独处的时间很难得，高质量独处可以让我们静下心来，减少焦虑，享受独处带来的喜悦。

加西亚·马尔克斯在《百年孤独》一书中说：人生终将是一场单人的旅行。我们身处人群之中，但千万不要被人群拖着走，要学会在人群中寻找方向。进化人类学家罗宾·邓巴认为，人类能够维持的稳定社交网络的人数大约是 150 人。其实一个人远不需要如此复杂的社交关系，真正的亲密关系应该控制在个位数。如此我们才能把时间和精力保留下来，寻找、遇见真正的自己。

人归根到底是孤独的，无论他人怎样共情你，都不可能百分之百地理解你。事实上一个人也不应该将生命的意义寄托在他人身上，而是应该自己去寻找。

德国作家歌德说过：人可以在社会中学习，然而，灵感却只有在孤独的时候，才会涌现出来。独处的能力决定了一个人最终能够走多远。

那些懂得独处的人，最大的优势是没有依靠任何人的习惯，不惧怕任何人的离开和任何意外的到来。很多人每逢恋情或婚姻生变，会觉得天都塌了。根本原因其实是他们太依赖他人，当这个人离开的时候，他们内心世界的体系自然会崩塌。所以，无论何时何地，我们都要学会独立前行，去丰盈自己的内心世界，建造自己的内在世界体系，尽可能将不必要的人从自己的内心世界移出。

社交中的高情商与低情商

    在人际关系发展的过程中，先了解对方的喜好，再去满足他们的需求是高情商的一种表现，但在实际的社交过程中，很多人会把高情商与"讨好"混淆，总是放低自身的姿态去迎合他人。殊不知，一味地讨好其实是一种带有自我贬低成分的低情商行为。满足他人的需求不是去迎合，而是让你从他人的需求中洞悉他人，与他人共赢，这也可以被理解为是在"对症下药"。

⊃ 对症下药与讨好

我们要明白"对症下药"与"讨好"的关系。在由作家老舍同名短篇小说改编的电影《不成问题的问题》中，主人公丁务源是农场管家，他深谙人情世故，记住了每个姨太的喜好，每次在外买东西总会给姨太们带来惊喜，姨太们对丁务源自然是赞不绝口。你以为他只是在讨好吗？那就错了，他是在对症下药，受到姨太们的喜欢更有利于他生存下去，如在农场亏损时，"拿人手短"的姨太们自然要在老爷耳边多说丁务源的好话。这就是对症下药，洞悉和满足他人需求的同时，也能让他人考虑自己的需求，在这个过程中，丁务源根本没有委屈自己，也没有放低姿态。

与对症下药截然相反，讨好行为是典型的低情商行为。

在电视剧《凪的新生活》中，女主角大岛凪是典型的"讨好型人格"，她对待同事、朋友、男友都特别好：当同事在工作中犯错时，小凪会将全部的错揽在自己身上；在公司的合影中，她的眼睛没有睁开，对此她却不敢提出异议，任由同事将合影上传社交平台；男友喜欢直发，于是她每天提前一小时起床，把头发用夹板夹直。可她最终换来的却是他人的不珍惜。

从大岛凪的人生经历中我们可以看到，不断委屈自己迎合他人，不过是自我伤害。

生活中，那些真正高情商的人不会通过自我伤害的方式来获得好人缘，他们知道，一些人的本性是得而不惜，适度的愤怒与拒绝是被尊重的前提。好人缘不是你放低姿态、迎合他人就可以获得的，它来自相互吸引，来自你的价值，有价值的事物不会迎合任何人，取悦任何人。这种自我委屈式的交际方式只是在向他人证明你没有价值，不值得尊重，最终使你沦为讨好者。

➲ 自我探索很重要

在许多人看来，人际交往中的高情商就是"会说话"，其实，情商的概念非常广泛，影响一个人社交能力的因素也不仅仅是语言表达技巧。

从发展心理学的角度看，情商涉及自我意识。自我意识是个人对于自身的认识，并非生来就有。自我意识与个人的情商呈现正相关，一个人的自我意识水平在一定程度上会影响其情商的高低，从而影响社交效果。

当我们还是婴儿的时候，意识不到自己的存在，也不知道自己是一个独立的个体，随着生理的发育和心理的发展，我们逐渐与母亲分化开来，意识到自己是一个独一无二的个体。到了青春期，自我意识开始飞速发展，我们开始探讨更多关于"我"的问题，例如，"我是从哪里来的""我到底是个什么样的人""他人如何评价我"，等等。然而，这一切只是自我意识发展的开端，自我意识发展的上限取决于我们从小到大的不断探索。

高情商的人自我意识水平很高，他们对自己了解充分、判断客观，并善于自我激励。为了实现某一目标，他们会不断地给自己暗示或者自我强化（如完成任务就奖励自己一个礼物）。他们一般比较有上进心，为了实现自己的理想，会设定具体的目标，并且无须依靠他人的督促和逼迫。而那些自我意识水平低的人，往往不能清晰地了解自己，因此会在人际关系中屡屡碰壁，他们不懂得自我激励，努力的动机通常来自外部压力，或者他人提供的强化物，如工资、礼物、认可等。

⊃ 高情商的人具备哪些能力

在实际的人际交往中，一个人的情商体现在多个方面，包括情绪控制能力、共情能力与心智化能力等。

1. 情绪控制能力

生活中有一类人非常敏感，容易冲动，情绪极易受到外部事物的干扰，一旦事件的发展没有按他们的预期进行，他们就会陷入情绪失控的状态。那些情绪控制能力差的人，在暴怒的时候往往什么话都听不进去，而不能调节自己的情绪是低情商的表现。

相比之下，高情商的人则善于控制自己的情绪，例如，当他们愤怒时，能够根据情境的变化和社会对自身角色的期待调节情绪，从而平息愤怒。对于情绪的观察和控制能力使他们拥有很强的关系处理能力，因此他们总能够以目标为导向，灵活地处理关系中出现的问题。

值得一提的是，个人控制情绪的能力并非生来就有，而是需要不断地学习和实践，所以，人与人之间的情商才会有那么大的差距。

此外，高情商的人还善于觉知他人的情绪，会"察言观色"，对他人的言行非常敏感，有时候，一个细微的表情就能让他们做出相应的反应。相比之下，低情商的人则不知道如何识别他人的情绪，甚至激怒他人而不自知。

很多人认为，高情商的人总是和蔼、客气的，其实不然，在对手可能威胁到他们时，他们也会毫不留情地反击对方。高情商的人总是非常清楚自己想要什么，一般不会表露自己的情绪，并且善于隐藏自己内心的想法。

2. 共情能力与心智化能力

对于他人的缺陷和不堪，普通人会选择回避或报以理解和尊重，低共情能力的人则会把它们当作乐趣，会以此贬低对方或开一些不合时宜的玩笑。他们无法控制自己的表达欲，心里怎么想就怎么说，说话不分场合，不加任何修饰。他们可能会认为这是"直率"，但这种"直率"体现了低共情能力，并且可能会害了他们，"祸从口出"就是这个道理。

心理学家认为，个人的成长环境和后天所接受的养育会影响其成年后的心智化水平，而个人的心智化水平与情商密切相关。什么是心智化？心智化其实是一个抽象的概念，通俗地说，心智化是我们理解人的内心世界的过程（或能力）。心智化就好像我们构建的一座心理大厦，一个人的心智化水平越高，那么他所构建的心理大厦就越坚固、越雄伟，越能抵御各种外界的干扰和打击。反之，如果一个人的心智化水平很低，那么他的那座心理大厦就会像"豆腐渣工程"一样轻易土崩瓦解。

对一个人心智化的发展起决定性影响的是成长环境，其中很大一部分来自父母对孩子的教育。比如，一个三岁的孩子不分场合地玩玩具，如果家长对待孩子的态度只是强行把玩具抢过来，而不告诉他不能这样做的原因，那么他就会陷入迷茫、不知所措。因为他不理解这种行为可能是不合适的，不理解为什么父母会抢他的玩具，也不理解自己的心理，久而久之，其内心世界的发展会变得缓慢甚至停滞。

3. 换位思考能力

换位思考能力的反面是不分场合的自我中心主义。与具有自我中心主义的人相处，无疑是一种折磨。低情商的人往往会以自我为中心，认为这个世界是围绕他们运转的，缺乏对他人的认同感，缺乏对周围环境的客观认知，也不会换位思考，以致于让自己陷入"绝对自我"的大骗局中。

4. 钝感力

钝感力是日本作家渡边淳一提出的概念，指人在面对困难时的忍耐力及走出困境的能力。高钝感力的人在困境中会更快地调整自己的身心状态，能够重振旗鼓，而低钝感力的人则容易被困难所束缚，他们的心理状态很难依靠自身调整恢复平衡。生活中，高情商的人往往都有很强的钝感力，能够保持积极心态，相反，低情商的人经常在社交中表现出低钝感力，面对压力时他们的表现是消极、怯懦的。

不要做不被珍惜的"老好人"

生活中，我们对"老好人"的一致评价是"他挺好的"。每个人都喜欢老好人，却都不愿意做老好人。为何大家都不愿意成为这样的人呢？答案很明显，因为当老好人太累了，为他人之忧而忧，为他人之想而想。共情能力强本是一件好事，但凡事都遵循适度原则，老好人就是共情能力太强了。面对他人的请求，他们总会想：如果我不帮他，他一定会很难过吧。而太在意他人想法的人，很容易忽视自己的感受。

➲ 老好人的特点

什么样的人才算老好人呢？考虑的角度不同，大家的答案不尽相同。这个社会对于"老好人"的普遍定义是，奉献自己，满足他人。具体而言他们有七大典型特征。

1. 不懂得拒绝

很多时候，即使内心抗拒，他们也很难开口说"不"。比如，当有人提出：可以帮我带个东西吗？这个时候，大部分老好人即使不顺路也会同意。因为他们从不说"不"，所以大家会觉得这样做没什么问题，麻烦了他们一次又会有第二次。

2. 习惯说"对不起"

在与人交谈的过程中，即便错不在自己，只要觉察出对方的脸色或语气不对，他们首先会想是不是自己的问题，于是会下意识地开口道歉，"对不起""不好意思"是他们的口头禅。生活中，他们也总是以低姿态对待身边的人。

3. 畏惧冲突

老好人总是会尽力维持一个相对稳定的局面，害怕出现冲突。他们内心很害怕争吵，当有矛盾出现时往往会选择退让，把过失都往自己身上揽。他们很害怕被误会，他人的一句话可以在他们的心头荡漾很久，他人的一个动作也会使他们心神不宁。

4. 总是过度解释

在各种社交场合中，他们非常害怕对方不理解自己，对自己的一些行为产生误解，于是他们会主动且详细地解释自己的做法。而这种过度解释的行为其实正在一步步导致关系失衡，他们逐渐沦为关系中的"防守者"，总是在被动地解决关系中出现的问题，以缓解自身的焦虑感。

5. 喜欢证明自己

他们总是力求通过一些实际行动证明自己在某一方面的价值，不希望自己成为关系中的"弱者"。他们很享受被人信赖和依靠的感觉，但他们不知道的是，证明自己的过程也是在自我牺牲，他们牺牲了自己的主动性，沦为了被评价者、被议论者。

6. 喜欢扮演聆听者

在交流沟通方面，他们总是扮演聆听者的角色。面对尖锐的问题或重大事件的决策，由于担心自己的观点和其他人的观点产生冲突，他们往往不敢表明自己的态度和立场，选择把问题藏在心底。

7. 看重面子

因为在乎在他人心目中的"好人形象"，很多时候，他们宁可牺牲自身的利益，也要成全对方。他们的人际行为准则是：通过牺牲自己、委屈自己，来达到取悦他人的目的，以此换回一段被认可的关系。

⮑ 过分寻求认同带来的边界感缺失

在身边的人眼中，老好人脾气好，性格好且乐于助人，似乎永远也不会生气。实际上老好人不是没有脾气，只是他们内心的愤怒总是被自己忽略，这也就导致了矛盾的累积。

从性格层面看，老好人这一社会角色在生活中需要为他人考虑更多、承受更多，属于自我压抑型人格和讨好型人格的结合体。

著名的心理治疗师约翰·贝曼在《萨提亚转化式系统治疗》一书中提出了一种沟通模型，包括自我、他人、情境三个方面，同时还总结出五种不同的沟通模式，其中将没有自我、只有他人和情境的类型称为"讨好型人格"。"讨好"是这类人求生存的姿态，在压力情境下，他们往往会忽略自己的感受，认为他人和情境比自己更重要，这也导致他们往往感到很累。即使有很多的不开心和不情愿，他们也不会向他人表达。为了维护自己在他人眼中的"好人形象"，他们会选择隐忍，将感受埋在心里，表现得好像一切都是他们的义务，是他们应该做的。

在这个过程中，他人的感谢让他们感到自己被肯定，感到付出的价值。但如果有一天他们没有得到感谢，他们可能会更加疯狂地帮助身边的人，来获得他们期盼的那份认同感，这往往会换来一段不健康的关系。小时候，我们不舒服就会用哭表达，长大后反而不知道怎么表达自己的情绪，只能把它们都压抑在心中，而压抑久了，自己会很容易崩溃。你不表达，便没有人知道你的真实情绪。

从心理学的角度看，讨好型人格最大的问题在于缺乏边界感。他们做事以取悦他人为目的，自然会害怕他人不满，这种思维习惯导致他们在生活中逐渐失去原则，在交往中丧失边界感。

而边界感的丧失会导致双重问题。一方面，他们会丧失自我的边界和原则，即使他人突破自己的底线，他们也很难做出反抗。另一方面，他们也容易突破他人的边界。因为上述原因，他们在为他人过度付出的同时也希望他人为自己负责，虽然他们期待建立一种健康的亲密关系，但很多时候，他们会因为他人不能满足自己的期待而受伤，并引发各种人际痛苦。

➲ 做一个高自我价值感的人

想象一个场景，你正在全神贯注地修改毕业论文，突然有一个室友让你帮忙扔个垃圾，此时，你会拒绝室友，继续修改自己的论文，还是帮助对方呢？如果是前者，那么恭喜你，你大概率是一个高自我价值感的人，你不会为了迎合他人的要求委屈自己。反之，你可能是一个低自我价值感的人，也就是通俗意义上的老好人。在你的价值体系里，你害怕得罪他人，会不由自主地去讨好每一个人，然而越是这样，你的人际关系可能就会越糟糕。

高自我价值感的人几乎不会讨好他人，他们会觉得自己是一个有价值的人，如果有人不喜欢我，那不是我的问题，没有一个人可以被所有人喜欢。他们不会总想着寻求他人的肯定，因为他们可以自我肯定。"自我价值感"很大程度上是一个人在这个世界上安身立命的基石，它决定个体的生命状态。生活中，我们难免面临苦难和挫折，如果没有坚固的心理基石，就很容易在苦难面前一蹶不振。

那么一个人的自我价值感是如何形成的呢？一个成年人又应该如何自我教育、训练自己成为一个高自我价值感的人呢？

发展心理学告诉我们，人在婴幼儿时期，通过与养育者的接触，根据养育者对自己的看法来形成自我价值感，即孩子的自我价值感依托于外在环境、家庭评价而形成，并非天生就存在。

在与父母相处的过程中，如果父母总是对孩子的情感需求给予积极的回应，孩子就会形成我被爱、被关注的感受，从而形成高自我价值感，表现为自尊、自信，在自我肯定的基础上，他们会有无限的可能。可如果父母经常漠视、忽略孩子的情感需求，情况则完全相反，这可能会导致孩子形成自卑感。因为孩子的内心都是极其敏感、脆弱的，他们并没有独立生存的能力，需要依附他人生存。生物机制决定了他们内心时刻充斥着恐惧，如果这种恐惧情绪没有得到安抚，那么它可能会贯穿一个人的童年，影响其性格形成，进而影响其一生。

观察现实生活中的那些老好人，回溯他们的过去，你会发现他们几乎都有一个被忽视的童年。不是每一个人都幸运地生活在一个充满爱意的家庭里，成年人要有自己解救自己的能力，有意识地提升自我价值感，人生会大有不同。如果你是一个低自我价值感的人，又渴望改变，可以试试从这三个方面着手。

- 开源
- 节流
- 索取

"开源"即主动发现自己做得很棒的地方，主动探索自己哪里好，比谁好，这一点很重要，这是在修补你曾经没有被看到的自己，在一次又一次地看到那个可以把事情做得很好的自己时，你会逐渐变得自信，自我价值感也会提高。

但人不可能是完美的，当你发现自己的其他方面做得不好的时候，就需要"节流"了，即停止自我否定。每个人都有不完美的地方，持续否定自己，只会让自己走向深渊。不要将太多的注意力放在自己不完美的地方，你可以暂时忘记它们并告诉自己：我只是这一点不够好，但这并不代表我整个人没有存在的意义，我依然很棒，只需要忠于自己，努力前进。

除此之外，你还可以寻找一些外界的帮助，我们必须承认，仅凭自己的力量有时很难完成所有事情。在提升自我价值感方面，你需要一些来自外界的肯定，虽然"索取"这个词很多人都不喜欢，但实际上我们需要主动索要一些东西。这里要注意方式，当你出色地完成了某项任务时，如果只是等着被他人表扬，那么大概率是要失望的，在这件事情里你需要脸皮厚一点，比如直接请对方夸夸你。很多人会不好意思这样做，但当你真正尝试了以后，你会发现感觉很不错。

生活中我们需要做一个好人，给予他人温暖，努力拥抱生活和亲情，相信生活是美好的，阳光总会温暖地照耀着万物。但从心理层面看，我们不能一味地做老好人，它只会摧毁我们，一味地接受与忍让并不是维持良好、健康关系的有效方法，而只会让我们的社会关系畸形化。

　　待在一段缺乏情感回应和沟通的社交关系中却依旧迎合与妥协不过是一种自虐，你终究只是一个自我压抑者、讨好者罢了，他人可能无法理解你作为好人一方的付出。我们应该做真实的自己，敢于表达内心的感受，体贴自己也在意他人，那一刻你会发现，人际交往中，他人对你什么态度，完全取决于你自己；当你变得卑微时，他人不会珍惜你的付出；当你变得强大且自信时，他人自然会对你的付出给予反馈。

"假装精致"是一种自我背叛

朋友读大学的时候，有一个学弟比她小三届。起初刚进校时，学弟各方面都表现得很优异，直到他参加了某次商业活动，在活动上，学弟认识了很多有钱人，大概是看到了金钱带来的"甜头"，他开始网贷。一开始他只是想提升一下自己的生活质量，以便认识更多成功人士，开展商业合作，后来他沉迷于纸醉金迷的生活，极度追求奢侈品，贷款也从三五千变成二十万。

只看学弟的朋友圈，会觉得他的日子过得风生水起，精致又奢侈。每日一份下午茶，每周一个景点打卡，但我朋友知道这些"炫晒"背后的辛酸真相。

学弟的家庭并不富裕，父母是普通工薪阶层，自己还有个读高中的弟弟，甚至有一部分学费还是贷款缴纳的。曾经有人提醒他，现在的精致感都是假象，只会让你越陷越深，可是他根本没有听进去。在他心中，贷款让自己过上了好日子，而这样的想法其实是极其不成熟且不负责的。他终究还是为自己的"假装精致"付出了代价，在网贷的巨大压力下，他彻底垮了，崩溃大哭，四处求助。

留学生 A 因为家庭原因准备回国住一段时间，于是她将房子转租给了另一个留学生 B，在 A 看来，同是留学生且看上去妆容精致、言语得体的 B 应该是让人放心的转租对象，可是后续的发展超出了 A 的想象。

仅仅两个月以后，B 开始拖欠房租，最后竟然连门都没锁直接消失了。当 A 回到出租房的那一刻，她惊呆了，原本干净整洁的房间变得脏乱不堪，到处都是垃圾、烟头、过期的食物和脏衣服，令 A 没有想到的是，看起来干净、光鲜的 B 私下竟然如此邋遢。

⊃ "假装精致"

其实我们身边这样的人还不少，这种现象被称为"假装精致"，所谓"假装精致"，即社交中的伪装行为。生活中总有这么一些人，喜欢把自己包装得光鲜亮丽，他们的朋友圈展示的也都是一些精致的生活片段。

其实，这种精致和体面不过是装出来的，私底下他们可能打扮很随意，甚至有一点邋遢，他们是在通过展示自己的伪装生活来收获一种虚无缥缈的快乐。他们假装的原始动力往往来自社会比较环境下日渐膨胀的虚荣心与有限的消费能力之间的矛盾。当自身的消费能力不足以满足物质需求时，朋友圈及其他社交环境下他人的精致生活分享则会促使他们更在意自己所缺乏的东西，他们会在自己的朋友圈中营造出一种自己过得很"精致"的样子，以此博取眼球与关注。

"假装精致"的人的生活看起来光鲜，其实他们可能过得一点都不开心，这都是虚荣心在作祟。

虚荣心较强的人，总喜欢与他人一较高下，当其他人分享自己的快乐时，他们总觉得不能低他人一头，于是总爱跟风发朋友圈，这样就不会显得自己很落魄，以保持心理平衡。过节放假之时，有些人因为有事没能出去旅游，但看到身边很多人都分享了旅游照，羡慕嫉妒之余他们用自己以前的照片发个朋友圈凑个热闹。当他们取得了某个成就之后，第一时间不是跟最亲近的父母、朋友报喜，而是发个朋友圈，因为他们最在乎的是他人的评价，内心深处的自卑让他们必须活在他人的夸赞下。

从心理学角度看，在意他人的评价是有一定积极意义的。他人的评价对自我意识的形成具有重要作用。在社会化的过程中，人的自我意识不断发展，仅仅凭借自身无法形成完整的自我意识，必须依靠他人的反馈。

个体在与社会环境互动的过程中，首先形成了对自己身体的初步认识，比如，在婴儿期，我们通过爬、触摸等动作与客体互动，使我们明白了自己能拿得动奶瓶但拿不动其他更重的东西，这是我们最初形成的自我意识。

随着年龄的增长，我们的生理机能逐渐成熟，心理活动更加丰富，以往的自我意识已经不能满足我们的社会交往需要。为了明确自己在社会中的地位，趋利避害，我们不得不通过他人对我们的反馈来深化、扩展自我意识。但对外界反馈的依赖不能过度。

有些人发朋友圈其实"醉翁之意不在酒"，他们关心的不是自己发出去的内容，而是朋友的评论。"精致"的内容可以吸引朋友们的关注，收获朋友们在评论中表示的羡慕或夸赞，从而获得他人对自己的良好评价，最终形成良好的自我意识，自信心也会提高。而当一个人过分关注他人的评论，甚至不惜耗费时间、精力伪装自己时，则有可能掉入自我欺骗的陷阱。

每个人在生活中都会遭遇挫折，例如，和恋人分手或被父母责骂，或者在学习、事业上遭受了挫折。此时，有些人自觉无法消化内心的痛苦，感到很孤独无助，便想通过一些方式来寻求正面、积极的情绪。于是他们会在朋友圈或其他自媒体上发一些"精致"的内容，希望能够吸引他人的关注。他们渴望得到积极的评价和他人的羡慕，以此增强自己对生活的信心，缓解内心的压力。

有些人假装精致是一种欺骗，既欺骗了大家，又欺骗了自己；有些人假装精致是为了逃离痛苦的深渊，因此我们应该学会分辨人心，我们不排斥与真诚分享快乐的人相处，同时应该远离那些虚荣心太强的人。

人格心理学上，分享个人信息的过程被称为自我暴露，即将自己的感受、经历暴露给身边的人，这是一个具有积极意义的心理学概念。自我暴露可以获得更大的人际吸引力，巩固关系的最初发展。

不过，自我暴露是一个相互作用、相互依赖、相互影响的过程，带有欺骗性的自我暴露同样会给双方的关系带来负面影响。如果你塑造完美形象仅仅是为了满足虚荣心，那么这样的人际关系通常难以长久维系。

➲ "假装精致"的人害怕看到真实的自己

真正的精致应该是一种嵌入生活的常态，不会被拿来炫耀，更不会以此伪装自己。用个体心理学之父阿尔弗雷德·阿德勒的话来说，伪装是自卑的表现。你不愿意在信任的人面前呈现自己最真实的生活状态，不愿意分享自己的切身经历，根本原因在于你不接纳现在的自己，甚至是讨厌现在的自己，这是导致你自卑的根本原因。

"讨厌自己"这个行为本质上是一种自我保护，因为害怕他人接受不了真实的自己，所以干脆先否定自己。

对于很多喜欢"假装精致"的人来说，他们其实很害怕看到真实的自己，比较的过程让他们塑造了一个相对理想的自我，然而这个理想自我却又那么遥不可及，于是他们开始试图将理想自我打造成另一个自己——更"精致"的自己。朋友圈里的那个自己可能很勇敢、敢说敢做，勇于尝试自己平时不敢尝试的事情，也可能是受人欢迎的、让身边人满意的、容易被表扬的。

其实太在意他人的评价会降低自己的价值感，你的情绪会因受到他人的评价而波动，你的价值感则交由他人来决定。而每个人都有自我评价的权利，放弃自我评价的人生并不精致。

真正的精致，是一种"白色"的生命力，它纯洁而美好，充满了希望和对美好生活的追求，正如家庭喜剧《了不起的麦瑟尔夫人》中那个时刻充满活力、时刻保持精致女性形象的可爱女人麦瑟尔，她身上的精致不是简单地堆砌华丽的服装，而是一种崇高的精神，是对真实自己的接纳，也是对美好生活的期盼。

表扬虽然动听，但也要看场合

　　一个人当众受到夸奖时，本人的心理优越感可能会特别强，这个时候其他人会怎么想呢？可能会主动向受到夸赞的人示意友好，附和几句夸赞，也可能眉头皱起，表情不屑。

　　在我们一贯的思维里，公开表扬他人是对当事人的肯定，也是对他人进取心的引导。但从心理学角度看，公开表扬可能带来很多负面影响，受到表扬的人可能会受到群体的抵触，大家可能会对其产生敌视心理，提出表扬的一方也可能会成为被憎恨的对象，如何理解这一现象呢？美国《消费者研究杂志》中描述了这样一个实验，研究人员让学生们想象一个场景：你正在一家服装店购物，而旁边的店员正在夸赞另一位顾客漂亮，然后研究人员会询问，如果这位顾客是陌生人，你的第一反应是什么？如果这位顾客是你的好朋友，你的第一反应是什么？

大多数学生的反应是消极的，并且被恭维的顾客与学生之间的关系越亲密，学生的抵触情绪越强烈。这是管理学上的经典案例，揭示了夸赞对旁观者的负面作用。很多时候，一句简单的赞美可以让人心情愉悦，但是也要看场合。公开表扬一个人，有时不仅不能激励群体进步，还有可能适得其反，导致群体中的个体受到排斥与孤立。

⤵ 社会比较

被表扬，意味着我们之前的行为是被肯定的，我们会体验到正面、积极的情绪。而当我们被批评时，我们的自尊水平会降低，我们会意识到之前的行为可能是错误的，我们的自我评价会降低，甚至会激发自我防御机制，体验到悲伤、沮丧的情绪。

人们都喜欢被表扬。但表扬的方式、场合、情况不同，效果也截然不同。学生通过自己的努力考了高分，父母夸奖了他并给予奖品，他由此受到正强化，为了获得父母下一次的表扬和奖励，他会更加努力地学习。而如果一个家庭有两个或三个孩子，情况就完全不一样了，其中一个孩子考了高分而其他孩子考得不理想，考高分的孩子得到了父母的表扬，他可能会更加努力地学习，但另外一个或两个孩子可能会心生芥蒂，因为他们被比较了。

职场中，很多管理者试图通过公开表扬一个员工来激励整个团队，比如，每周评选优秀员工，公开给员工许诺。如果一名主管下面只有一个下属，这个下属可能会因正强化而提高工作效率，但如果小组里面还有其他人，某个员工得到表扬，其他人可能会心生嫉妒，这可能会导致他们的工作效率降低，进而影响小组的整体工作进度。

公开表扬一个人的直接后果是群体中的每一个人都"被比较"了，一部分人被肯定的同时，另一部分人则被否定，心理学上我们称之为被贴上了标签。

随着个体的不断成长和自我意识水平的提高，其自我评价的需要越来越强烈。美国社会心理学家利昂·费斯汀格认为，任何一个具有自我意识的人都需要评价自己的状态，并明确自己和周围世界的关系。个人的行为定向建立在明确的自我评价和对自我与周围世界关系评价的基础上。但在现实生活中，许多时候并不存在个人可以信任的绝对评价标准，这时人们就需要将自己与他人进行对比，才能够形成相对明确的自我评价。这种将自身状态与他人状态进行对比以获得明确自我评价的过程，就是社会比较。

社会心理学家从 20 世纪 50 年代以来对人们社会比较对象的选择进行了大量研究后发现，当不能确定自身状况的社会评价的意义时，人们倾向于选择与自己有相同社会特征的人进行比较，如同辈、同龄人。

公开场合下只表扬一个人，无形中激活了人们的社会比较机制。在被表扬前，人与人之间的社会比较就已经存在，表扬行为则使人们更清晰地认识到相互之间地位、实力的高低。被表扬者的地位被抬高了，被忽视者的地位则相对被降低了，同时被降低的还有他们的自尊水平和自我评价。如果被表扬者和其他人本身的实力、地位差距很大，被忽视者的心理状态则不会受到太大影响，反之，如果被表扬者与其他人朝夕相处、实力相近、年龄相近、有共同的社会特征，那么被忽视者就会感到强烈的不平衡。

此外，人们的自信心状况直接决定社会比较的性质，同时也会影响社会化后果的指向。根据自我价值定向理论，一个具有良好自我肯定感的人，在进行社会比较时倾向于向上比较，即选择比自己优秀的人作为比较对象。如果个体没有建立良好的自我肯定感，就会选择不如自己的人作为比较对象。

公开表扬团体中的一个人通常导致向上比较，这种比较可能会带来心理失衡，让团体中的其他人变得不自信，感觉自己受到了打击。因此，无论是领导、长辈、老师，在表扬某个人的时候应该注意方式和场合，要考虑所有人的感受，把群体的感受放在核心地位。否则被表扬的那些人很有可能遭到群体中其他个体的嫉妒，这对个人和群体都会造成不利影响。

人的嫉妒心理是一种常见的情绪反应，来源于个体维护、扩充自己的势力范围和繁衍的需要，或者是平等分配物资的需要，分为良性嫉妒和恶性嫉妒。关于嫉妒的实验发现，发自内心的恭维属于良性嫉妒，而当被表扬的人是参加实验者的好朋友时，良性嫉妒则很可能会转变为恶性嫉妒。一般来说，嫉妒不会来自随机或盲目的比较，而是会在一些特定的社会比较情境中产生。在与被表扬的那个人作比较时，他们往往会认为那个人并没有达到被表扬时所说的程度，自己只是没有遇到好的发展条件和机会，因此会觉得这是不公平的。当嫉妒者意识到，这种主观感受上的不公平难以得到客观标准的支持时，他们的嫉妒心理会进一步加剧，他们越难证明他人得到的认同是通过不公平的手段获取的，他们的嫉妒心理就会越强。

⊃ 如何引导嫉妒情绪向积极的方向发展

良性嫉妒可以使人向优秀者看齐，提升自己的实力，产生积极的人生态度。为了将表扬可能引发的负面后果向积极方向引导，我们可以参考下列建议。

作为一个受表扬者，要认识到没有人可以依靠单打独斗获得成功，你的成功必然需要团体的配合、支持，因此，请理性看待他人的表扬。

作为一个旁观者则要确立自信，不要计较一时的得失，要善于发现自己的长处，毕竟尺有所短，寸有所长。

作为一个管理者，要了解普通大众的心理，认识到公开表扬这一行为可能存在的潜在不利影响。对于那些的确很优秀的人，完全可以私下进行表扬，使其的努力得到肯定，当他们的实力、心胸远超周围人时，必然可以给周围人带来实际、良性的动力。此外，当确实需要公开表扬一个人时，作为团队的管理者，不要忘了团队里的其他人，你要让大家明白，只要努力，每个人都是有机会的。

另外，我们也要对自己的压力有所觉察，注意调节压力。压力来源于当事人的认知评估和焦虑反应，是个体的身心在感受到威胁时所产生的一种紧张状态。公开表扬一个人会将被表扬者和其他人置于比较的两端，形成压力源。

在大部分人智商差异不大的情况下，普通人为了凸显自己，必然要付出更多的精力和心力，压抑自己真实的需要。而长期得不到疏解的不良情绪一旦爆发，必定会造成不小的损伤。

社会中不乏有人长期处于比较之下，疲于应对而导致习得性无助最终崩溃的情况。所以，请照顾好自己的情绪。

● 你的自我价值感应建立在对自我的清晰认知上，而非依靠表扬

能够得到上级或权威人士的公开表扬对于一个人来说是莫大的荣耀，这种认可会让一个人觉得自己的价值得到了肯定。但是，对自我价值不够了解的人很容易过分看重外界的评价，从而导致他们将内在价值体系完全交由外界评价来搭建。

从心理学角度看，被公开表扬的人很容易变成自恋者，经过一番高度认可后，他们坚信自己是与众不同、出类拔萃的。那些本来就自大的人会表现得很明显，他们可能会在事后炫耀或沾沾自喜。隐性自恋者的表现方式则会更加含蓄，他们很容易在以后的言行举止中展现出一种莫名其妙的"整个世界都亏欠我"或"我比较弱小所以我应该得到保护"的感觉。当他们感到自己的特权受到威胁时，这群自恋者会表现出极度的敌意和攻击力。

更可怕的是，自恋往往和低自尊形影不离。这就导致了低自尊的人们一方面难以接纳自己，觉得自己有很多缺点；另一方面，他们经历过表扬后又暗暗地认为"我其实很特别"。在生活中，他们经常一边为自己的不完美责备自己，一边自命不凡地幻想那些平庸的人根本不理解自己。实际上，他们没办法像那些天生自恋者一样大胆地自卖自夸，这源于他们内心深处低自尊带来的自卑感。

表扬虽然动听，但也要看场合，用对了场合是蜜糖，用错了场合就是砒霜。同时，对待他人的表扬我们也应该保持理性，你的自我价值感应该建立在对自我的清晰认知上，而不是完全依靠外界的评价。

你的沟通风格是什么

你有没有思考过，人为什么需要沟通？一个人的沟通风格是怎么形成的？其实，沟通行为源自人们本能的需要和热爱，若没有沟通，一个人将无法表达自己，更无法理解他人。而沟通风格的形成则是一个复杂的过程，从心理学角度来看，沟通风格是人们心理活动的呈现或流露方式。

美国心理学家艾瑞克·伯恩提出了沟通分析理论。艾瑞克·伯恩对它的定义是：一种思想与感觉一致的系统，借由一套相对应的行为模式呈现于外在。在他看来，每个人都有一个"儿童自我"，这个"自我"从本质上讲，是个人童年时期遗留下来的行为、想法和感觉。而每一个"成人自我"则是在此基础上，针对现实情况展开的自主性行为、想法、感觉的组合体，"父母自我"则是将父母作为崇拜对象或模板时的状态。在日常沟通分析运用中，我们会简单地将人们的沟通状态形容为"在儿童自我状态里""在父母自我状态里"或"在成人自我状态里"。

当我们把这三种自我状态放在一起时，就能够得出核心结论——一个人的沟通风格其实是自身三部分自我状态组成的综合人格模式。这三种自我状态会因为沟通对象和场景的不同而自由切换。

- 儿童自我状态
- 父母自我状态
- 成人自我状态

个体处于儿童自我状态时的行为表现与心态是怎样的呢？

当处于儿童自我状态时，个体的行为倾向于表现得像个孩子一样。此时个体的自我状态是一种完全不设防的、充分体验自身存在的状态。通常情况下，儿童自我状态中包含了个体所有的感受，如恐惧、爱、愤怒、快乐、悲伤、羞愧等。并且，这些感受会像儿童一样表现得非常直接和明显。因此，儿童自我状态经常被人们指责为生活中麻烦的来源。当人们在某种场景下以儿童自我状态应对外界时，有可能产生不被成年人世界接纳的后果。

当个体呈现出父母自我状态时，就会像一台录音机，即他们的思考、感受及行为方式就是他们的父母或抚养者的思考、感受及行为蓝本。

在父母自我状态下的成年人做决定时往往不需要理由和思考，因为他们做出的只是对情境的一种条件反射，他们内心会根据父母的标准来判断什么是好、什么是坏，人们该如何生活等问题。因此，处于这种状态的成年人，彼此之间进行沟通时会有保守、有限开放等特征，对知识、人格、品德、社会规范等方面有明确的要求和标准。

成人自我状态是一个人最本质的存在状态。当个体处于成人自我状态时，个体就像一台计算机，将完全抛离儿童心态或父母的经验和观点，而只会根据大脑逻辑程序收集、处理及存储现实世界中的经验和数据，并在充分分析后对其加以应用，或者据此做出决策。

　　在了解心理学意义上的沟通内核后，我们可以尝试觉察自己的沟通风格，你呈现哪种自我状态更多？不同自我状态的切换灵活吗？它们是否能帮你实现社交目标？想清楚这些问题，你将更能在社交沟通中发挥自身的优势。

关于示弱、边界与自我价值

所谓分寸感，即在恰当的时机做恰当的事，这个过程中既需要一定程度的灵活性，也需要一种笃定感和方向感。而人际关系的建立总是离不开强弱、边界、利害等议题，因此本节围绕这些话题来谈谈分寸感。

➲ 示弱要适当

人际交往中，你怎么看待示弱这一行为？毋庸置疑，在大部分情况下，示弱意味着你承认自己是弱势的一方，对方是更加强势的一方。

在很多人心中，示弱带有明显的贬义色彩，经常会被当成没有骨气的表现。因此，在人际交往中，无数人都倾向于用更加强有力的方式来营造更强的气场，进而从气场上碾压对方。而他们不知道的是，比起气场压制，在恰当的时机示弱更有利于关系的发展。

心理学上的出丑效应告诉我们，当一个各方面都趋于完美的人，突然犯了一个低级错误时，我们反而会更喜欢他。正如在很多综艺节目中，明星不小心丢失了偶像包袱，犯了一些让人啼笑皆非的错误之后，反而会有更多人开始喜欢、欣赏他。

因为人们总是更喜欢真实的事物。美好的东西会让人觉得赏心悦目，但是太完美的事物就缺乏真实性了。

同样的道理，如果你总是在人际交往中表现出强势的一面，那么很多人会以为你是一个不容易接近的人，会自发地疏远你，其中就不乏那些真心想要靠近你的人。之所以说人际交往中需要适当示弱，是因为这种行为能够让他人对你产

生更多的信任及好感。同时，我们需要适当示弱而不是一直
示弱，没有人喜欢一个一直示弱的人，这种适当性的示弱也
建立在你本来就比他人在某些方面更加出色的基础上。

　　我们对于示弱行为的一些刻板印象会让我们觉得，示弱
的那一方是被动的一方，是处于不利地位的一方。实际则不
然，当我向你示弱时，主动权一直是在我手上的，我向你示
弱是在给你台阶下，不管你接受还是拒绝，我的主动权都没
有消失。

　　在职场和生活中，很多时候我们会与他人发生一系列争
执和冲突，他们很有可能是我们最亲近的人，这个时候我们
就需要适当示弱，因为在发生争执和冲突时，我们会被负面
情绪裹挟，如果两个人都无法平静下来，那么就很容易走向
极端。

　　如果在一触即发的矛盾面前，有人能够适当示弱，那么
就能够避免很多不必要的悲剧，并且在平静下来以后，另一
方会为自己的行为感到更加愧疚，从而反思或进一步与你沟
通，这将让你们有机会了解彼此。

你有没有发现，太执拗、偏执的人往往很难处理好周围的人际关系，因为在大部分时候人际关系并不是稳定的，一成不变的，它具有多元性与复杂性。而示弱这种行为其实是能屈能伸的表现，真正的智者从来不会固守一成不变的处事方式，他们能够随着局势而做出相应的改变。

作为一种有感情的生物，人在很多时候都会被自己的情绪所影响和操控，这个时候就需要一个比较理智的人出来缓和这种局势。智者不会将适当示弱看作自己软弱的表现，而是将这种示弱行为看成一种衔接与过渡，这就是智者的处事之道。

适当示弱就像一种以柔克刚的方式，看似一种投降，实则是以退为进，不仅在人际交往中彰显了自己的智慧，还可以帮助自己避免很多不必要的麻烦。

⊃ 边界要清晰

提到边界感，首先需要解释两个问题。其一，人为什么会边界感不清晰？其二，什么样的人最没有边界感？

心理学研究表明，个体的自我意识从发生、发展到相对稳定大约要 20 多年。刚出生不久的婴儿是不能识别自我和他人的区别的，他们不能意识到主体和客体的区别，直到大概 8 个月大时，生理自我才开始萌生。

1972 年，著名科学家阿姆斯特丹做过一个经典的"点红实验"，实验对象是 3 到 24 个月的婴儿。研究人员会在他们的鼻子上涂一个红点，然后让婴儿去照镜子，观察他们是否能够发现镜子里自己的不一样。如果婴儿下意识地用手擦拭自己鼻子上那个红点就表明他们是拥有自我意识的，他们可以区分出自我，倘若婴儿对那个红点毫无反应则说明他们很难区分自我与外界的差异，这时的他们还停留在一种原始的混沌状态。结果发现，6 到 10 个月左右的婴儿能看到镜子里的人，但他们大多数都是去拍拍镜子里的人或以各种方式与其互动，却并不知道里面的人是自己。

于是，阿姆斯特丹认为，孩子在这个阶段的自我完全依靠父母的引导。那些过度满足孩子的父母会让孩子沉溺在自己是世界中心的感觉中，而对孩子太冷漠的父母会使孩子缺乏安全感，从而让他们在长大的过程中会通过过度地讨好或取悦他人来获得认同感。所以我们可以认为，边界感不明晰通常与婴幼儿时期的经历有关。

我们回到第二个问题，什么样的人最没有边界感？答案是，心智极其不成熟的人和"杠精"，一种是没长大，另一种是没素质，他们是社交过程中典型的没有边界感的群体，总是会让身边的人不快或利益受损。

健康的母婴关系是孩子能够与外在世界建立联系并产生正常互动的关键，过于溺爱和保护孩子或者过于压抑孩子，都会让彼此失去分寸感，最终导致孩子变成一个不成熟、不能独立的人。

心智极其不成熟的人总是以自我为中心。他们的非理性行为会让周围人摸不着头脑，他们性格易怒，谁也不知道他们什么时候会爆发。自私自利是他们的最主要表现，在集体中，他们总是渴望获得他人的关心和照顾，当自己遇到问题时，总是躲避、推卸，仿佛在无形中命令他人必须替自己承担责任。和这样的人成为伴侣是很痛苦的事情，他们总是要求对方按照自己的意愿行事，因为一些鸡毛蒜皮的小事与对方争吵。他们做事没有主见，动辄依靠自己的伴侣。

"杠精"之所以凡事都喜欢与人抬杠，是因为他们的逻辑和思维方式与正常人不一样，他们批判他人不会以理服人，而是诡辩。

在本质上"杠精"与心智极其不成熟的人有相似之处，他们都喜欢以自我为中心，希望自己成为焦点，只不过"杠精"剑走偏锋，在与他人抬杠中获得快感。就算他们没有明确的反驳观点，也会以不讲理的方式让你彻底无语。

"杠精"的很多行为在身边的人眼中是低情商和不讲理的表现。他们还会对你做的事情进行捕风捉影般的点评，靠断章取义的方式来彰显自己。与他们争论输赢是一件非常没有意义的事情，他们在逻辑上本就没有正确性可言，抬杠只不过是他们表达与众不同的方式。

自卑、自负和自信这三者没有在"杠精"心中达到平衡的状态，他们在众人面前疯狂地获取存在感，往往是为了摆脱自卑心理。只是由于过度以自我为中心，他们总是口无遮拦，逐渐丢失了边界感。而边界感在人际交往过程中意义重大，关系再好的朋友也需要给彼此留下一定的空间，对他人的生活关注或干涉过多，只会让控制欲膨胀，影响关系的发展。学会与人为善并建立适当的边界感是一个成年人必备的技能素养。

人际交往中，适度的自我暴露可以增加双方对彼此的信任感，但是过度的自我暴露，特别是当双方的关系还没达到那种亲密程度时，反而会破坏关系。

我们向关系密切的人分享秘密或暴露自己的想法本无可厚非，但若是向不熟悉的人暴露自己的私密事则会给对方带来不适感。过度自我暴露显然是压抑太深所致，自我暴露需要的是一个合理的宣泄途径，否则会引起他人的反感。

在日常生活中，我们要建立自己的边界感，也要了解他人的底线，不以职业分高低贵贱，不轻易评判他人的穿着打扮，不以贫富为交友原则。即使对最亲近的人，也能始终不逾规矩，这不是说与亲近的人生分，而是不因莽撞伤人心。另外，我们不要以恶意揣度他人，而是应多站在他人的角度思考问题，也就是我们常说的换位思考。

当然，在自己的边界被侵犯时，我们要做的不是忍让，而是应该让侵犯你的人知道，他的做法让你很不舒服，已经触及你的安稳区，你应该勇敢拒绝，并具体陈述自己的需要。清晰的边界感对双方都是有益的，既减少了不确定性带来的不适，又增加了对方同意你请求的可能性。

⊃ 个人价值要提升

你有没有思考过，影响他人与我们建立连接的关键是什么？可能是趣味相投，也可能是尊重和理解。或许每个人都有不同的答案。在我看来，个人价值是不可忽视的因素。

社交圈里有一个比较流行的概念——可交换系数。一个人的可交换系数越大，认识的优质朋友也就越多。我们可以将其理解为人际交往中的"互惠原则"。这一原则在很多领域都得到了充分运用。要想主动与人建立良好的关系，予人恩惠是最简单快捷的途径。在人际交往中，利他就是利己，要想拥有良好的人际关系就要做到"有存有取"，而不是"不存只取"。

想要更多的人看到你、认可你，首先你得是一个站在角落也能光芒万丈的人。努力成为所处领域中有价值的人，这里的价值包括你的专业价值、可连接价值（能为他人带来多少社会资源）等。而你的价值是有"社会估值"的，"社会估值"越高的人，可获得的社会资源也就越广。

人们往往会愿意跟那些厉害的人做朋友。想成为一个厉害的人，就要找到自己的价值，做好合理的规划与安排，好好沉淀自己。

第二篇

了解自己
才能发挥社交优势

害怕说话、回避社交，并不是因为内向

"我是一个比较慢热的人，每到一个新环境中我都非常渴望结交新朋友，但是每次与不是特别熟的人在一起时我总是找不到话题，甚至会紧张得说不出话。在各种聚会上，我总是最没有存在感的那个人。不知道是嘴笨还是放不开，在公开场合我很害怕说错话，慢慢地我喜欢上了独处，我觉得我是一个内向的人。"这是我的来访者曾对我说过的话。

对此，我的回复是：你害怕说话或回避社交可能不是因为内向，"内向"是你强行给自己贴上的一个标签，你有可能是社交恐怖症患者。

为什么这样说呢，我注意到几个细节，这个来访者的描述中有几个关键词——慢热、没有存在感、放不开、害怕说错话，这些描述带有明显的自我否定意味，而自我否定是对回避行为的一种强化，也是社交恐怖症的典型表现。

➲ 社交恐怖症

分享一段社交恐怖症患者的自述："我是一个经常在聊天中让话题终结的人，我最害怕与人相处，与人相处总是让我不舒服，我害怕他人的各种表情，我害怕说错话，于是我干脆不说话，结果是我更恐惧社交了。"这段自述是不是和上文中那位来访者的自述很相似？

生活中，有些人对人际交往有一种"莫名的恐惧"，于是在各类社交场景中呈现回避姿态。比如，他们害怕在路上遇到熟人。他们往往有两种策略应对遇到的熟人，逃脱和微笑。一般来说，熟悉程度越低，逃脱难度就越大，因为会面临交流的尴尬，他们甚至喊不出对方的名字。如果对方没有看到他们，他们会装作有急事的样子，突然加快步伐然后绕道逃离；如果对方已经看到了他们，他们会先眼神躲闪，然后对视微笑，最后轻微点头后离开。

如果已经不可避免地发生了接触呢？这个时候，他们则不得不寒暄几句。这类人很少去人多的地方，人越多，他们就越紧张，甚至紧张到手脚出汗。在同学群里，他们永远是最沉默的人，他们害怕别人不理睬自己，担心自己成为"话题终结者"。在 KTV 里，他们则是最安静的人，看着身边的人点歌、欢唱，尽情地释放内心的情感，或许他们会认为别人唱得远没有自己好，但就是难以鼓起勇气迈出这一步。

在朋友面前，他们永远是最不起眼的一类人，看着朋友们谈笑风生，自己却接不上话，只能生硬地接话茬、被开玩笑。他们似乎总是在尴尬、担忧和焦虑中度过。虽然也想过要改变，但每次遇到相同的情境，他们便会出现同样的状况。而屡次社交受挫使他们产生了习得性无助，以致于后来遇到改变自己的机会时，也没有勇气走出这一步。这一切，难道仅仅是因为性格内向吗？要想回答这个问题，首先，我们要知道这种"莫名的恐惧"产生与作用的原理。

1. 如何理解社交中"莫名的恐惧"

生理学家和心理学家巴甫洛夫提出了经典条件反射理论，经典条件反射指在无条件反射（婴儿的吮吸反射、觅食反射、抓握反射等）的基础上，通过将某刺激（中性刺激）与无条件刺激多次结合，使动物在受到该刺激（已由原本的中性刺激转变成条件刺激）的情况下出现与无条件刺激下相同的反应。

巴甫洛夫以狗作为被试，通过呈现食物来刺激其唾液分泌。一段时间以后他惊讶地发现，狗在看到食物前，仅仅是听到主人的脚步声就已经开始分泌唾液了。

根据巴甫洛夫的理论，人们真正害怕的不是社交的过程，而是害怕社交的消极结果，害怕被他人侮辱、漠视，等等。侮辱和漠视（无条件刺激）引起焦虑和胆怯（无条件反射），在无条件反射的基础上，由于中性刺激（社交）的呈现总是伴随之后的侮辱和漠视（无条件刺激）。反复多次后，社交由中性刺激变为条件刺激，条件反射形成，从而导致个体仅仅是与人相处就能产生焦虑等不良情绪。

社会心理学家拉塔涅在社会作用力理论的基础上提出了

一系列原则，当一些社会源（或称作用源、影响源）作用于一个目标个体时，该个体体验到的作用力的量（I：impact）是这些作用源的强度（S：strength）、接近性（I：immediacy）和数量（N：number）的乘积的函数，即 I（Impact）=f（SIN）。

让我们以在 KTV 唱歌为例理解这一原则。KTV 里有很多人，因此 N 的数值比较大，而唱歌的人通常处于兴奋、亢奋的状态，情绪高涨，因此 S 的数值也比较大，由于 KTV 包间相对较小，人与人之间的空间距离比较小，因此 I 的数值比较大。综上，影响源的数量、强度和接近性的数值都比较大，个体在 KTV 包间里感受到的作用力也很大，所以有些人才会感到浑身不自在，没有勇气唱歌。

在一些社交场景中，如果大家彼此不熟悉，在恐惧心理的作用下，个体所感受到的压力将呈几何级数增长，这也是很多人害怕说话，在社交中保持缄默的根本原因。

巴甫洛夫的经典条件反射理论和拉塔涅的社会作用力理论原则揭示了社交恐惧产生的原理与性格无关。

社交恐怖症属于神经症的一种，主要临床表现为对社交或周围环境的过分担心、紧张等。例如，到热闹的商场买衣服、去街角的餐厅吃饭等，这些在正常人看来再普通不过的行为，都会给社交恐怖症患者带来极大的困扰。当社交恐怖症患者来到陌生的环境或面对陌生人时，会感到口干舌燥、呼吸急促、心跳加速、手心出汗。严重的社交恐怖症患者甚至会表现出对陌生人的极端恐惧，出现昏厥。而这些身体层面的过度反应又会增加患者的心理不适感，在潜意识中形成"我不擅长社交"的印象，并不断强化。

久而久之，患者心中会形成强烈的挫败感，在面对社交场合时也就更倾向于回避，最终在不知不觉中形成了恶性循环：因为恐惧社交而产生不适感，不适感又会带来挫败感，挫败感会加重社交恐惧，最终导致患者的自信心备受打击，难以走出社交恐惧的怪圈，这也是他们逃避社交的根本原因。搞清楚"莫名的恐惧"产生与作用的原理后，我们再来谈谈如何区分社交恐怖症与内向性格。

2. 如何区分社交恐怖症与内向性格

从个体心理层面看，社交恐怖症患者普遍有以下六种外在表现。

- 对一些具体的社交情景感到持续害怕。

- 害怕周围的人对自己做出负面的评价。

- 随着某些特定社交情景的逼近，焦虑感不断增加。

- 回避具体的社交情景时间达到半年以上。

- 焦虑状态与实际情况不符，行为夸张。

- 社交焦虑给工作、生活、学习造成巨大负面影响。

而内向并不是一种疾病，对一些性格内向的人来说，即使他们可能会出现轻微的社交焦虑症状，持续的时间和负面影响也均远不如社交恐怖症患者。中国心理学会的一组统计数据显示，近年来，我国社交恐怖症表现出低龄化和扩散化态势，社交恐怖症现今已经成为一种常见的病症，越来越多的年轻人患上这样的疾病。

在接受心理干预的社交恐怖症患者中，25 岁及以下的患者占 80% 以上，而且以女性居多（58%）。究其原因，社交恐怖症在青少年群体中的"大流行"与学业压力、工作压力密不可分。

➲ 出现社交恐怖症该怎么办

如果身边的亲友表现出了社交恐怖症倾向，我们应该如何帮助他们走出困境呢？

这个时候可以用一些心理疗法来对抗病症，比如采取暴露疗法，即引导他们将自己置身于容易产生焦虑的人际交往环境中，消除恐惧对象与焦虑反应的条件性联系，以此对抗回避反应。

初次尝试时并不需要把自己放置在一个完全陌生、人数太多的环境中，那样无疑会加重自己的症状，可以选择先进行阶段性尝试，不断提高对焦虑的耐受度，逐步突破自我。

具体而言，首先放松自己的心态，试着在一个小团体里静坐一段时间，哪怕什么也不说，什么也不做，只让自己置身于那样的环境中就可以了。

在熟悉了环境后，可以试着参与讨论，如果发表意见会让你感到极度不安，那就先试着对他人的话进行简单回应，直到彻底放松后，就可以试着正常交流和表达了。

当熟悉了这一个小团体后，可以尝试将自己暴露在陌生的环境中，逐步克服社交恐惧。随着我们的承受能力逐渐增强，自信心也会随之增强，克服社交恐惧也就指日可待了。

外向型内向者

　　很多人明明渴望融入群体，却在屡次碰壁后标榜自己是喜欢独处的内向者。比如，很多大学生在校园里交不到知心朋友后宁愿独来独往也不愿意尝试去扩大交际圈，他们其实非常羡慕那些参加各种学校社团和组织的人。他们明明渴望亲密的社会关系，却选择忽视自己的真实需求而不去改变，并试图用内向解释自己的行为。其实他们并不是真正意义上的内向者，而很可能是外向型内向者。

　　心理学认为，性格没有绝对的内向与外向之分，一个人的性格往往呈现两面性。正如逃避社交的人不一定就是内向者，热爱社交的人也不一定就是外向者。在内向和外向之间还有很多灰色空间，而外向型内向者便是这个灰色空间中的群体，他们可能会出现以下几种表现。

⊃ 外向型内向者的表现

1. 不一定是聚会中的交际高手，但在聚会冷场时经常第一个出来活跃气氛

外向型内向者具有天生敏锐的共情能力，可以很快察觉到气氛的微妙变化，为了保持同伴们的活跃度，他们经常把握着整场聚会的气氛变化并做到"润物细无声"。

2. 渴望被关注，但会被过多的关注吓跑

与纯粹喜欢独处的内向者不同，外向型内向者喜欢站在聚光灯下享受被关注的感受，但是如果他人对他们过分热情，他们的第一反应一定是逃走。

3. 给他人处事圆滑的印象

他们在他人眼中经常显得处事圆滑、很有"心机"，其实

他们并没有任何恶意，他们很清楚社交在生活中的重要性，圆滑只是为了运用自己善解人意的天赋去和他人友好相处。

如果你具有以上三种表现，你可能是外向型内向者，你是属于灰色空间中的群体，并不是传统意义上的内向者。我给你的建议是，学会正视自己的需要，既然你重视社交，并且也想收获亲密的社会关系，那么你要明白自己的这些需要都是正常且可以实现的。也许你常会有些羞涩、放不开手脚、不知道如何与人攀谈，但不要因为遇到人际交往上的挫折就选择放弃社交，而是可以尝试做出一些改变。

⊃ 尝试改变

1. 学会利用"弱关系"

"弱关系"指的是那些联系较弱、感情较淡的人际关系。如果你担心自己现有的社交圈太窄，不妨利用好自己的人际弱关系。具体来说，普通朋友的朋友就是一种弱关系，通过参加聚会，你可以迅速结识一大批新的朋友，在与他们相处的过程中，你可以试着锻炼自己的社交能力，你不需要与他们有太深入的交流，维持表层关系同样可以使你获得自信和安全感。

2. 尝试自我暴露

自我暴露是社会心理学中的一个概念，强调自发、有意识地将自己的重要信息流露给对方，是一种重要的社交技巧。很多时候你觉得自己怀才不遇，孤芳自赏，可能是你的自我保护意识太强烈，从而导致他人根本无法了解最真实的你，强烈的距离感更是让那些对你有兴趣的人望而却步。

从心理学角度看，适当地暴露自己的脆弱也是与朋友迅速拉近关系的方式，同时还可以吸引来与你有相同兴趣爱好及人生经历的人。具体来说，你可以适当地暴露自己的缺点和坎坷的人生经历，这个时候，那些与你有相似过往的人会感受到你的真实，也就更容易与你亲近了。

打开自己的心，才能让美好发生

生活中，我们说一个人"宅"，其实是在形容其内心封闭的状态。一个人之所以宅，很可能是因为他认为这个世界充满敌意，与人接触意味着会受到伤害，所以选择把自己封闭在熟悉的空间里。

A 是一名销售顾问，如果不是为了生计，他恨不得天天待在家里，但是现实所迫，他所处的行业要求他每个月都要往返于不同的城市。每次在新城市见完客户后，同事们都会去附近的景点游玩，而他，终于可以做那件最舒服的事了——

把自己关在宾馆里，看电影，打游戏。那部电影他已经看过无数次了，游戏也早已通关。是的，即使是一部电影，一个游戏，他也不敢有新的尝试，这种状态和刚刚出生不久的婴儿很像。

⊃ 全能自恋

全能自恋是婴儿出生时的心理状态，这时的婴儿是没有边界感的。他会觉得自己是"神"——只要我一个念头，世界就会发生改变。饿了时，只要我一哭，就会有供自己享用的食物；我困了，想睡就睡。但是，婴儿是没有独立生存能力的，他的一切都要依赖养育者来满足。如果养育者能及时满足婴儿，婴儿就会觉得这个世界是安全的；如果婴儿的需要没有得到满足，婴儿就会产生被迫害的感觉，并由此产生毁灭世界的想法。这听起来让人难以接受，那么可爱的婴儿怎么会有这种想法呢？但这就是心理发展的规律，如果婴儿出生就会说话，那绝对是一件很恐怖的事情。不过，婴儿并不能承受这份毁灭感，所以，他要把这份毁灭感投射到外界。

投射是一个心理学概念。投射是一种减少内心罪恶感的自我防御机制，指把自己的性格、态度、动机或欲望投射到他人身上。

如果一个人在婴儿时期没有得到很好的满足，就会将毁灭感向外投射，认为外界存在一个"坏人"——这个"坏人"伴随着我成长，时刻想毁灭我，而为了不被他毁灭，躲在安全的地方是个很好的选择。但是，单纯的自我封闭并不会起到疗愈的作用，越自我封闭，就会越累、越孤独。因为关系是生活的必需品，一个人脱离了关系的滋养也就丧失了最根本的能量来源。

➲ 打开自己的心，才能让美好发生

弗洛伊德认为，力比多（内在的驱动力和欲望）和攻击性是一个人的基本动力，而这两种动力都要在关系中得以实现。希望将自己封闭起来的人，通常是因为害怕被伤害，但只要他们能认识到世界基本是安全的，他们并不会被外界毁灭，封闭自己的想法也就随之消失了。

如果你是这样的人，我的建议是，首先尝试与让你感觉还不错的人交往，与他们相处没有太多的束缚，相对自由。在交往的过程中，尝试表达自己的需要。比如，帮忙拿快递、搬家等，你会发现他人可能会很愿意帮助你。很多人非常怕麻烦，既怕自己麻烦别人，也怕别人麻烦自己，但是长此以往，你真的就成了繁华世界的一座孤岛。

然而，没有人愿意成为一座孤岛，我们都有权利去寻求社会支持，当你还在一个人苦苦支撑的时候不应该自我麻痹，忽略自己的情感需求。对自己坦诚一些，才能拥有"不拧巴"的人生。若想交朋友，便大胆放手去做，切勿随便给自己贴上负面的标签。

无法维系人际关系的人，
其实都缺乏一种品质

纪录片《寿司之神》中的主角小野二郎先生曾说过：我一直重复同样的事情以求精进，总是向往能够有所进步。我继续向上，努力达到巅峰，但没人知道巅峰在哪里。

然而生活中，总有这样一类人，他们什么东西都想拥有，恨不得揽下世界上所有的美好。

可实际上，他们终日忙碌，却一无所获。

人的精力是非常有限的，如果你在某一领域付出极大的努力，便意味着你在其他事情上没有时间。可这类人特别贪婪，还美其名曰：兴趣众多，勤奋向上。然而，每当他们在某个领域受挫时，便灰心丧气，转而投身于另一个领域。

其实，从心理学的角度看，他们缺乏一种重要品质——成长型思维。

⊃ 成长型思维

"成长型思维"的概念，来源于心理学家卡罗尔·德韦克的著作《终身成长》，他认为天赋只是一个人的起点，人的才智能够通过后天的学习锻炼而提高，只要自身愿意努力就能够做得更好。

具有成长型思维的人通常表现为，面对挫折时，会将其当作提升自己的机会，促使自身不断进步。

相关研究表明，成长型思维在职场、学习、教育、人际关系中发挥着重要作用。

比如，工作中，具有成长型思维的人更擅长倾听他人的意见或批评，重视自身能力的发展，这类员工在遇到具有挑战性的任务时也比常人更具有竞争力。

在人际关系中，他们往往会主动维护一段关系，具有共情能力，相信爱情、友谊是可以培养的。

与他人相处时，他们会更加关注旁人的感受。哪怕他人发表了对自己不利的言论，他们也会积极地与他人沟通，消除隔阂。

具有成长型思维的学生比同龄人更能体会学习的乐趣，面临困难时，他们善于寻求帮助，不会轻言放弃，心理复原能力强。

具备成长型思维的父母也会与孩子一起成长、共同进步，他们会不断地鼓励孩子，乐于引导，而非打骂，尊重孩子的每一个异想天开的决定，充分调动孩子的积极性，让孩子自主地拥抱挫折和面对挑战。

科学研究显示，人类的大脑具有可塑性，并持续终生。

换句话说，我们的思维模式，是可以通过有意识地培养而塑造的。

生活中，绝大多数成功人士都具有成长型思维，他们应对困境的态度是积极面对、勇于犯错，不畏惧承担后果。

● 固定型思维

"固定型思维"认为，个体的聪明才智是天生的，后天无法对此进行改变。

具有固定型思维的人认为成功是证明自己的天赋和能力的唯一手段，是事情的核心。一旦失败，他们便开始持续地自我否定，认定自己并不具有这方面的天赋。

同时，失败时，他们不会从中学习经验改变自己，相反，他们只会尝试修复自己的自尊心，害怕再次面对新的挑战。

他们所谓的勤奋更像一场"逃避"行为，思维模式上的闭塞性让他们只能关注眼前的利益，反而忽略了长远发展。

⊃ 如何培养成长型思维

思维模式的转变并不能瞬间完成，而是需要日积月累的努力，想要培养成长型思维，该怎么做呢？

1. 改变平时的语言习惯

比如考试失利时，将"我太糟糕了"换成"这次做错的题型以后就知道怎么做了，又可以进步了"。

遇到挑战时，将"我不擅长这个，我学不懂"换成"这项任务完成后，我能够有所提高"。

遇到困难时，将"这太难了，我太笨了"换成"这只是需要更多的时间罢了，只要肯花足够的精力，一切皆有可能"。

2. 在重复的生活中寻找意义

现实中，很多人过着不断重复的生活，他们认为这种生活是乏味的，总是用一成不变的眼光和思维来看待世界。其实，当他们试着改变思维模式时，会发现在重复的生活中也能找到属于自己的乐趣。比如将"这项工作我都重复做了九年了，只能这样了"换成"我还想看看这项工作是否存在能够完善和提高的地方，肯定还可以再提高"。

人的一生永远无法重来，每一天都无比珍贵，愿我们能在有限的生命里，终身成长，方才不枉此生。

不要随便给自己的性格贴上标签

　　1913 年，心理学家荣格在慕尼黑国际精神分析大会上首次提出了心理类型理论，该理论将人的性格分为内向型和外向型两大类，这是人类对性格的早期认识。内向和外向是人格特质的一种维度，反映了个体在思想、情感及行为方面特有的统合模式，是较为稳定的。根据荣格的理论，其核心区别是：人的兴趣和关注点是指向内在还是外在。

　　内向者会更多关注自我，做事谨慎、深思熟虑，且交往面较窄，喜欢独自思考、自我剖析，他们总是从外部世界寻求印证自己内心概念的事物，这是他们认识世界的方式。而外向者则把关注点指向外部客体，做起事来当机立断、行动敏捷，愿意向他人流露真情实感，喜好社交。

判断自己是内向性格还是外向性格的方法之一是观察自己日常生活中的行为习惯，例如，喜欢独处还是与朋友聚会，也可以通过一些专业的心理测验来判断，如艾森克人格问卷、大五人格问卷等。

然而一直以来，学界对荣格提出的性格划分方式争议不断。现代心理学观点认为，大多数人的性格处于连续体的两个极端之间，而不是非此即彼。并且，我们评价一个人是内向还是外向时往往带有主观色彩，相当于给一个人贴上内向或外向的标签。

尽管如此，社会大众仍然倾向于用内向和外向简单地划分一个人的性格。另外，我们对传统意义上所划分的内向者和外向者的固有认知也可能存在误区。从心理学角度看，我们对内向者的认识通常有四大误区。

⊃ 对内向者的四大认识误区

1. 误区一：内向者不善言辞

在对语言的习得和应用方面，细心观察生活我们会发现，内向者倾向于把学到的语言以思维记忆的方式深化并掌握，外向者则倾向于用身体记忆的方式来熟练掌握。事实上，内向者对言语的理解可能很深刻，以至于精短的几个词语就能表达其全部意思。内向者并非不善言辞，他们擅长的是有意义的、精简的交流，而不是无聊的社交辞令。

大多数人觉得能与人顺畅地聊天、懂得很多社交技巧才是善于言辞的表现。其实不然，很多内向者虽然很少说话但并非不善言辞，只是他们觉得没有必要浪费精力罢了。在一些演讲场合他们同样可以侃侃而谈，从这个角度看，给内向者贴上不善言辞的标签是一种浅陋的行为。

2. 误区二：内向者反应迟钝、自我封闭

性格内向的人往往喜欢独处，不与人接触。对于这样的群体，大众的第一印象就是，他们反应迟钝、自我封闭，其实这些都是对内向者的误会，我们对内向者的固有印象导致我们忽略了他们的优势能力。

很多时候，当你向内向者提问时，他们不仅能简短地答出来，还能快速地给出让你觉得舒服的回应，因为他们安静地待在那里快速地处理了很多你所想不到的信息。内向者拒绝与外界进行过多的接触，仅仅是因为过多的外界信息会干扰他们，他们也因此常被误认为反应迟钝、自我封闭。

3. 误区三：内向者缺乏幽默感、总是有很多心事

在很多人看来，内向者总是长时间发呆、不快乐、缺乏幽默感、压抑自己。其实，我们对快乐的定义可能存在误解。很多人认为，只有开怀大笑才是快乐的表现。这种观点其实是片面的，发呆不也是一种快乐吗？人在发呆的时候，可能是正在放空自己，这样看来，内向者是最单纯的人了。

写出了中国近代最精彩小说之一《围城》的作家钱钟书先生，就是一个典型的内向者，他缺乏幽默感吗？没有人会否认他文笔幽默、世事洞明。他在看清众多残酷真相后，依然能以风趣的笔触来描绘这个世界。他推开应酬、避开人群，只在自己的小世界中自在。从这个角度看，内向者在自己的世界中享受独处，而大众则误认为他们心事重重。

4. 误区四：内向者很冷漠、缺乏情感

人们总是会认为那些表情丰富的外向者一定拥有更丰富的情感，而缺乏面部表情和外在表现力的内向者是冷漠、缺乏情感的。正如我们前文所说，外向者的情感表达借助于身体和表情，因而外在表现很活泼。然而，内向者的情感丰富、细腻，只是并不显露于外，或者不善于表达，并非冷漠。

与热爱社交的外向者相比，内向者则多了一份沉稳和内敛。历史上许多伟大的科学家、艺术家都是内向者，他们能静下心来专注做好一件事，同时，他们往往具有宏远的志向和规划。

➲ 内向性格的力量

美国作家苏珊·凯恩在 TED^① 上曾有过一次激情澎湃的演讲，主题是"内向性格的力量"。这次演讲视频的全球点击量超过了 1700 万次，连比尔·盖茨都对其称赞不已，下面是我

---

① TED 是一个国际性非营利组织，是 technology、entertainment、design 三个单词的缩写。

对凯恩的部分观点的总结和整理。

我首先成了华尔街的一名律师，而不是我一直梦寐以求的作家，原因在于我渴望证明自己，希望自己变得更勇敢、更外向。其实这对世界而言是一种损失，因为我们忽略了内向者的力量。

事实上，有三分之一到二分之一的人都是内向者，也就意味着每两到三个人中就有一个内向者，如果你是外向者，那么你的伴侣、同事，甚至孩子就可能是内向者。

"内向者不如外向者"是社会偏见，我们从小就接受这种观点，以至于我们现在屈从于这种偏见。内向的人们都是非常优秀的，确实是这样。

凯恩认为，这是一个对内向者充满偏见和误会的社会，很多内向者不得不逼迫自己融入人群，去尝试自己不喜欢的社交环境，试图让自己变得更加外向，以迎合这个社会。其实，这对世界而言是一种损失，因为我们忽略了内向者的力量。内向者同样优秀，同样具有可以改变世界的特别力量。世界的进步离不开那些独具领导力和创造力的内向者。

凯恩在《内向性格的竞争力》一书中明确指出，当今社会，内向者所具有的卓越领导力和创造力在很大程度上被忽略了。心理学家在寻找那些最具创造力的人时发现，那些擅长变换思维并能提出不同想法的人具有极为显著的偏内向的痕迹，因为独处是产生创造力的重要因素，而内向者最爱独处。

● 内向者的决策力

心理学家科林·德扬认为，内向者能做出更好的决策，在面临同样的奖赏时，外向者会选择立即获得奖励，而内向者则能更轻松地做到延迟满足，从而最终获得更多奖励。大部分内向者都有完美主义倾向，他们在做出决策之前往往会不断比较，这种谨慎导致他们很少出现大差错。

美国著名心理学家巴里·施瓦茨在《选择的悖论》一书中提到，具有完美主义倾向的人在求职时找到心仪工作的概率更大，急躁的外向型人格通常会选择某一方面更突出的工作而不是提前规划好自己将来的职业走向，从这个角度看，在决策力方面，内向者依旧更为突出。由于内向者喜欢自省，所以他们更加了解自身的优缺点，明白自己的喜恶，他们很

难从社交中获得满足感，并且长期和自己相处使他们有一种
淡然、沉稳的气质，这种气质也是一种人格魅力。总有一天
你会发现，内向者具有很强的决策力和领导力，内向者同样
可以改变世界，请不要忽视他们的力量。

心理学上对于内向者有很多精确的描述，比如人的言语、
思维、情感常指向于内者为内向。通过分析定义，我们可以
发现，这样的定义只是按照行为表现特征出现的频率来划分
的，而并非完全在内向和外向人群之间划分出一个清晰的界
线。再外向的人也不会将自己的思维、情感、言语完全指向
于外。作为独立的个体，人总会有想离群独处的时候，每个
人都会反省自己的言行是否合适，我们都有自己不喜欢接触
的人。反之亦然。从这个角度看，内向者要想做出改变，其
实并不困难。

⊃ 内向者如何做出积极改变

1. 学会用积极面来弥补自己的不足

一个做事瞻前顾后的人是如何变得果断的？那就是增强
自己的思维能力，这不是让我们减少思考对象，而是加速思

维的运转，要学会从积极的方面来弥补自己的不足。比如，你不喜欢接触人，那么就提高自己和他人接触的效率，在做事交流时找到最简捷的方式。

2. 在适合自己的工作中发挥自己的思维特点

内向者需要找到适合自己的工作，找到一个可以发挥自己性格特质的地方，而不是长期压抑自我特质。不要突然把自己拉入不适应的环境中，在自己适应的环境中，你的适应能力也会慢慢提升。适合内向者的工作包括设计师、医生或护士、客服、质量检测师、心理咨询师等。这些工作的特点是，不需要强制性地交流，只需要从业者掌握好自身的技能与工作职责，就能发挥出最好的效果，而且这些工作对从业者的要求都是细心、认真、拥有耐心。

3. 用辩证的眼光看待世界和自我

心理学家芭芭拉·安吉丽思认为，人不应该把自信建立在外在条件上，而应该更多地尊重自己内心的意愿。内向者更应该关注自己的内在世界，与其改变自己的生活习惯来迎合世界，不如换种活法——不断修炼自己的内在品质来建立自信，尊重自己来发挥内向的优势。

正如一千个人眼中有一千个哈姆雷特。有人认为，这是一个外向者的世界，因为现代社会交流的手段和自我展示的平台越来越多，人们需要很频繁的交流。人人都在展现自我，展现自我的经济效应显著增加。然而，我们还可以将这个世界描述为内向者的世界——我们的交流越来越倾向于间接交流，交流工具的增多让我们用更多的时间不去直接面对人，自我展现平台的出现其实是一种内向者需求的体现，我们不用再去过多关注他人的目光。

内向者要懂得保持自我。这个世界可以宣称，世界是外向者的，但是内向者不要被那些通过扩音器传出来的声音所左右，进而压抑自己，这个世界终归需要你用自己的眼睛看自己。

你会经常说"谢谢"吗

　　为什么人们要说"谢谢"？生活中，什么样的人会把"谢谢"挂在嘴边？社交过程中，"谢谢"这两个字最浅显的意思是表达我们对另一个人的感激、尊重与认同，同时我们也能获得对方的尊重，因为关系是相互的。

　　人们总是更愿意与对自己持有更多正面评价的人相处，而"谢谢"就是一种正面评价。当然，除了这个浅显的意思之外，经常说"谢谢"还有以下这些好处。

➲ 平衡社交关系

　　总是将"谢谢"挂在嘴边的人往往能准确表达自己的想法，他们非常注重社会责任感与道德规范，坚信自己能平衡好社会关系。在他们看来，面对他人的付出无动于衷，必然会导致另一个人内心的不平衡，于是他们会通过说"谢谢"来表达对他人的尊重，平衡社交关系。

　　每一个接受帮助的人的潜意识中都能感受到，帮助自己的这个人会因为帮助自己失去一些东西，于是他们会通过说"谢谢"表达感激和弥补，这也是在给对方增益。这种增益会刺激对方的大脑分泌多巴胺，促使对方感到愉快，并愿意继续帮助你。

➲ 建立信任

　　经常说"谢谢"还是在社交过程中建立信任的一种手段。

　　经常将"谢谢"挂在嘴边的人，实际上是一群拥有高感知能力的人。他们通过说"谢谢"表达感激，并清晰地捕捉他人带给自己的变化，包括正面和负面的。

当得到帮助、支持和正面的刺激时，他们的大脑传导系统会迅速将这个讯号传导开来，而他们接收到这个讯号后就会马上处理并给出反馈，也就是付诸实际行动，将"谢谢"反馈输送出来。当然，说"谢谢"对于一些人来说是理所应当的，并不会引起他们的任何情绪变化。但正是这些理所应当的举止，正在帮助他们建立信任关系。

生活中，年纪越大，能与他人吐露心声的机会也就越少，尤其是在碰不到合适的聆听者时，信任关系的建立会变得越来越困难。但是如果能遇到与你感同身受的人，那就可以大胆地跟对方分享心事了。所谓感同身受，即能够设身处地地感受到他人的情感，与他人形成情绪上的共鸣。

心理学家卡尔·罗杰斯认为，感同身受是能够感受到对方内心的真实情感，也能够从这样的情感中清楚对方的生活态度和生活方式。那些把"谢谢"挂在嘴边的人通常都拥有强大的感同身受的能力，他们可以在短时间内感知到他人给自己带来的变化，也能够明确感知到对方对自己的支持和鼓励，并立刻给予反馈。人际交往过程中，这种人能够更认真地倾听他人的倾诉，设身处地地为他人着想，身边的人也更愿意向他们吐露心事。

⊃ 冲破适应性偏差

你曾经很渴望得到一台三角钢琴，某一天你突然拥有了它，但你可能很快就会觉得索然无味。另一种情况是，最初得到他人的帮助时，你知道感恩，但是长此以往，你会觉得被人帮助是理所应当的，最后也就不再感谢对方了。我们将这种心理现象称为适应性偏差，即人们的喜好、兴趣及对事物的态度会随着时间的推移而发生变化。在适应性偏差的影响下，生活中，很多人都失去了感恩的心，变得麻木不仁，几乎不会说"谢谢"了，这是人性的普遍弱点。

如果一个人将"谢谢"挂在嘴边，那么他就可以冲破适应性偏差。将"谢谢"挂在嘴边的人是一群心存敬畏的人，在得到他人的帮助和支持时，总能将自己的感激之情直接表达出来，即使是微不足道的事情，在他们看来也是一份馈赠。结果就是，你总能记住他人对你的好，那么他人会认为帮助你是有价值、有意义的，在你第二次身处困境的时候，也会愿意再次帮助你。

这个社会就像由无数个人构成的网格。一个人的社会网络上的连接点越多，能调动的社会资源就越多，而一个人的社会资源决定了他的社会力量。

人际交往中，大部分人付出自己的精力与时间去帮助另一个人都有着一定的驱动力，包括金钱、精神上的认可与尊重等。如果你总能在接受帮助以后给予他人正面的反馈，那么他人也愿意与你结交，甚至是在你陷入困境时拉你一把，成为你的社会力量。

说话容易脸红怎么办

人脸红的原因有很多，包括生理层面和心理层面——可能是紧张、窘迫情绪的自然表达，也可能蕴含了不自信、抵触社交等深层次的心理指引。要克服容易脸红的现象，首先要了解自己为什么会脸红，以及在什么情况下会脸红。

首先，人在撒谎时是最容易脸红的，我们的意识其实一直很清楚，客观环境不以自己的意志转移，所以，在撒谎时，潜意识会促使人们"承认错误"，即使我们再怎么掩饰和逃避，潜意识都会促使我们为自己的错误做出弥补，而弥补的表现就是脸红。

除了撒谎以外，与异性相处时羞红了脸，体现了性意识的萌动；遭遇突发事件，感觉尴尬、羞涩时脸红是人体的正常应激反应；在摄入咖啡、啤酒等刺激性食品后脸红反映了人体的自我调节和预警。由心理变化诱发的脸红状态一般持续 3~5 秒，但由于颜色变化过于明显，这个状态往往比微表情更容易被捕捉。

脸红在很多时候被当作一种"露馅"的反应，它直观地表达了我们情感的同时也使我们处于尴尬、羞窘的状态，它暴露了我们此刻内心的想法和感受，而在社交场合中直接暴露自己的想法容易使我们处于被动状态。表面上看，"脸红"显然不利于我们社交，那么我们为什么又要进化出这样的机制呢？

我们知道，达尔文进化论的中心思想是，人类的所有进化行为都是为了趋利避害、适应环境、生存繁衍，但"脸红"这种身体反应显然违背了趋利避害的原则——我们明明是害怕暴露的，最后却又主动承认了。

进化心理学家戴维·巴斯对于人类脸红过程的描述是，

人在遭受到外部环境的刺激时，血液会急速涌向末梢神经，从而使身体在不经大脑做出判断的情况下，表现为脸红、耳根红等状态，这与你在受到惊吓后的反应颇为相似，这些不自觉的反应都是神经遭受突然刺激后的本能表现，是种危险预警，提醒人们应该做出相应的行为来改变现状。如同人在遇到危险时，全身的血液会流向腿部和脚掌一样，看似不自主的反应其实是一种原始的生存本能。

所以我们可以认为，脸红、耳根红是身体的保护机制，并且变红的过程不是悄悄进行的，身体是能感觉到对应部位在血液的作用下发热的。这相当于直白地告诉了自己当下的真实想法，这有利于你明确自己对对方的真实感受，以便采取应对措施。

在与不熟的人进行沟通时，这些附加反应则会迅速拉近彼此的距离，获得对方的信任，因为人们总是更信任那些表现出真实反应的人。所以，社交活动中偶尔脸红未尝不是一件好事。

○ 最直观的情绪表达

心理学和生命科学以往的研究可以发现，脸红是人类最直观的情绪表达方式。它的产生条件是一定程度的外部刺激，当个人偶然遭遇某些外部事件时，这些反应就会快速出现。而这种感性反应出现的速度远超于我们理性思考的速度，以致我们内心的真实想法还未被理智接收到时，身体就已经提前做出反应了。

另外，脸红的表征是可以规避的。一个人经常脸红，很可能是不自信、害怕不被群体所接纳的表现。要克服容易脸红的表现，关键在于重拾自信。当一个人在某个领域是新手时，往往很容易脸红，而一旦通过锻炼累积了一定的经验后，脸红的现象就可以被轻易抑制。

那些在职场上经历过大风大浪的领导，在演讲和宣讲中往往怡然自得、侃侃而谈，这些人都褪去了曾经的稚嫩，在重要场合可以做到脸不红、心不跳，因为他们很自信，对自身的性格、能力高度认同。

○ 如何重拾自信

美国南卫理公会大学曾做过一个"改变性格"实验。实验对象是 377 名普通大学生。大家参加这个实验的目的各不相同，有的人希望变得更外向，有的人希望能更自信。

　　整个实验共持续了 15 周，每周一开始的时候，大学生们要选择两个任务来训练自己的性格。如果你是一个性格内向的人，想变得外向，那么你的任务可能是在接下来的一周时间里尝试与陌生人接触、打招呼，比如在超市主动和售货员打招呼，或者是在各种集体活动中担任领导。这些任务本身并不困难，问题的关键在于你是否完全按照要求做了。

　　结果发现，那些按照要求完成了全部任务的人，15 周结束后再接受性格测试时，确实正在向期望的性格转变。而希望改善性格却没有按照要求完成任务的人，性格测试结果并没有太大的变化。研究人员推测，也许是因为这些人对自己很失望，士气受到打击，做性格评估的时候没有了信心，对自己原本的性格更认同了。

　　如果你是一个容易脸红、害羞的人，想在公众面前变得更加自信，你真正需要做的是不断积累很小的成功，因为自信往往来自一次次小成功的叠加。

　　自信来自行动，再多的理论学习也不如在人前的一次成功演讲。正确地认识自己，是行动的第一步，你可以找到自己所擅长的领域，并在这个领域中不断提升自己的能力，为自己确立明确的目标。而每一个小目标的实现，都能增强你的自信心，促使你成功，那个时候，对于脸红与否，你也就释怀了。

脆弱是你努力生活的证据

电影《守望者》中，主角罗夏有过这样的经历：罗夏在自己情绪低落的时候选择寻找心理医生倾诉自己的痛苦与烦恼，他觉得自己非常无助。心理医生回复道："那个著名的小丑帕格里亚齐来到我们市了，快去欣赏他的表演吧，相信他能给你带来愉悦。"话音刚落，罗夏就哭了："可是，我就是帕格里亚齐呀……"

生活中，很多人会将内心脆弱与性格内向画等号，其实无论是内向者还是外向者，内心都会有脆弱的一面。

○ 内心脆弱可能源自原生家庭的某些经历

以下都是咨询过程中的真实案例（为了保护来访者的隐私，我们只讨论现象而不提及个人信息）。

一位年轻男性求助的问题是：我每次开始一段亲密关系时，总觉得那些吸引我的女性大都有精神类问题，并且在关系中，我总是表现得很自卑、脆弱且谨慎，我想知道是什么原因。

后来，在漫长的心理咨询过程中，我发现了关于他问题的一个重要信息：在他年幼时，母亲去世了，去世之前，母亲对他说了一句话，"救我"。

原因就在这里，这一句"救我"导致他每次建立亲密关系时，总是无意识地存在对死亡的恐惧，他的每一段恋情无一不是重复他过去的人生经历。这类现象，在精神分析领域被称为"强迫性重复"。

"强迫性重复"是指没有任何外在原因，也不存在任何目的，一遍遍不断地重复过去的痛苦，且无法控制，并最终影响性格塑造。

我们再来看一个真实案例：星彤是一个经常因为头发而痛苦的女生，即使她现在已经上大学了，依然在纠结该不该留长发，为什么呢？原来这一切都源于她原生家庭的经历。

小时候，星彤第一次有意识地想要留长发时就遭到了母亲的拒绝，即使她一再恳求，表明自己绝对不会因为留长发而影响学习，她的母亲依然以长发太难打理、每天梳洗耽误时间为由拒绝了她。

有一次，星彤想做一次抗争，故意拖延去理发店的时间，结果被母亲大骂一顿。母亲严厉地说道：你到了大学才有资格留长发。

好不容易上了大学，星彤终于有了留长发的机会，可她却怎么也开心不起来，她非常不适应长头发的自己，她越看越觉得自己丑陋。最严重的时候，除了睡觉的时间，她一直在纠结自己的头发。她的脑海里不断地回想起这么多年自己与母亲抗争却屡屡失败的痛苦回忆。

最后，她选择走进理发店，将长发剪短，此刻她的内心终于获得了平静。

假期回家后，母亲开始催她留长发，而她却始终不愿意，其实都是因为心结没有解开。

她认为小时候母亲的强势是导致她现在性格懦弱、内心极度脆弱的根本原因，她经常会有无力感，最后她选择通过心理咨询的方式来解决这个困扰。

首先，头发并不像很多人认为的那样不值一提，头发是女性特征的重要体现，因此，女性会比男性更在乎自己的头发。从心理学的角度来看，儿童在初步形成性别意识的时候会把头发作为区分男女性别的一个重要特征，很多小女孩都希望自己有长长的头发，漂亮的公主裙，这是一种正常的需求。如果这个正常的需求在某一个阶段始终没有得到满足，那么这对于孩子来说是非常痛苦的。

从荣格的分析心理学的角度来看，头发是非常典型的女性象征，具有复杂多样的情绪意义。中国古代就有把头发比作"相思发"的典故，"白发三千丈，缘愁似个长"生动地运用了头发来描写人的情绪体验。所以说，头发并不是可有可无的东西。

回到案例中，由于童年阶段留长发的想法长期被母亲压制，这让星彤内心的那种不能为自己做主的无力感一直伴随着她成长，这让她很难再像童年那样奋力为自己争取想要的东西，她会认为自己的努力都是徒劳无功的，她的性格越来越懦弱，情绪越来越敏感。即使她在上大学后拥有了留长发的权利，内心的焦虑、不安、自卑也一直在困扰着她，因为她的内心早已承认了自己是不配留长发的。

即使母亲一再提醒她可以留长发了，可以谈恋爱了，她也不想听母亲的话了，这其实是在和母亲做斗争，她痛恨母亲在她童年时的强势。童年阶段母女之间没有得到解决的冲突最终通过头发反映出来了。

那么，当我们受到原生家庭经历的影响，变得内心脆弱时，我们应该如何寻求改变呢?

➲ 内心脆弱怎么办

1. 放下过强的自我防御意识，在安全的关系中暴露自己脆弱的一面

首先是尝试放下过强的自我防御意识。适当的自我防御意识是一种自我保护的方式，但是过强的自我防御意识很容易让我们做事变得极端。

放下过强的自我防御意识意味着我们要在自己信任的人面前慢慢地暴露自己脆弱的一面。这虽然会像揭开自己的伤疤一样痛苦，但这是必不可少的过程。

自我暴露是自我接纳、自我认同的前提，也是接纳现在的自己，享受自己现在所拥有的权利的表现。需要注意的是，我们不必强迫自己马上就好起来，我们可以对自己温柔一点，慢慢地经历这个过程。

2. 尝试接触害怕的事物，少想多做

我们总是会责骂那个懦弱且脆弱的自己，但你有没有思考过，为什么你在某些特定的场景下会变得懦弱？那些你不懦弱的场景又是如何发生的？请将这些场景一一记录，借助这个方法找到令你最恐惧的事物和场景，然后一点点突破，直至战胜恐惧。

被恐惧支配的人在做一件事情前往往畏首畏尾，瞻前顾后，他们总是会设想很多可能会发生的消极后果，于是止步不前。比如，大学生想让室友带饭却害怕给他人添麻烦；职场白领想参加一个项目却不敢和领导开口；年轻人想要和心仪的对象表白却迟迟不敢行动。

如果你考虑的因素过多，那么考虑的过程就会在你的潜意识中形成阻碍你的力量。如果你偶然一次失败了，就会加深这种想法：我早就觉得，这事做不好。事实上，唯有你不断地尝试，勇于犯错，你才能变得越来越好，才能彻底摆脱懦弱的心理状态。

3. 坚定信念，让伤害到自己为止

当你对自己产生怀疑和否定时，请记住，这从来都不是你的错，不要因为害怕让他人失望而刻意委屈自己，也不用太在意他人的感受，迎合他人。扔掉这种只会带来麻烦的虚荣心，至于他人的面子，不用太过关注。

承受了童年的苦楚，在谩骂中长大的孩子会胆小自卑、不知所措；忍受暴力虐待的孩子会缺乏信心，或者用暴力抵抗。

如果你曾经历过这种伤害，请让伤害到你为止，不要让自己再次受伤，也不要让自己的孩子经历自己曾经经历过的痛苦。

链条必须被斩断，历史决不能重演。当有一天你完全掌控了自己的人生时，所有恨意都会被冲淡。

唯有你不断地尝试、努力变得强大，人格才会越来越完善，才能彻底摆脱懦弱的心态。然而，内心强大并不意味着从来不会出现脆弱的一面，而是能够接纳自己，与自己的脆弱和解。

第三篇

社交中，
不做费力不讨好的事

"说教式"社交潜藏的压力

大道理在我们的人生中扮演着怎样的角色？年幼时，我们在父母讲的大道理中明白了什么是尊师重教，什么是礼貌与修养。稍年长时，我们在老师的谆谆教诲中明白了读书可以改变命运。可以看到，大道理几乎贯穿了我们从孩童走向成年的这段时期，甚至在成年之后，我们也会听到很多来自前辈的教诲与规劝，而他们最常用的方式就是讲道理。

然而事与愿违，头头是道地规劝并不会让心意已决的人悬崖勒马，也不会让从不相信它的人开始尊重某些教条。几乎所有人都对大道理无感，甚至会厌恶。

那些让我们相处起来感到舒服的人，不是一直给我们讲大道理的人。他们从来不讲大道理，可就是让人觉得真诚，这其实是高情商的表现。

但生活中总有这样一类人，他们做事情有一套自己的原则和标准，并且认为自己奉行的这些原则和标准是放之四海皆准的。所以他们最喜欢对身边的人进行说教，给人很大的社交压力，具体而言，体现在以下几个方面。

⊃ "说教式" 社交的负面影响

1. 只讲道理，不谈感受，导致忽略了对方的真实需求

评选最让人讨厌的沟通方式，"讲道理"一定位居前列。那些"说教式"社交高手总是喜欢站在道德的制高点评判他人，而他们没有意识到的是，道理讲得越多越容易被冷落。这种沟通方式既让他人感到厌烦，也让他们自己深受委屈。最核心的原因在于：沟通中他们只讲道理，不谈感受，导致忽略了对方的真实需求。

他们与身边人建立联系的方式不是通过情感，而是通过提要求、讲对错、讲道理。很多人在面对这类人时，也会采用这种交流方式与他们进行互动。只讲道理，不谈感受导致他们很容易在不知不觉中得罪别人，同时心理变得不健康，并且因绝对信奉自己的行为准则而产生排他心理。

当与他人发生冲突时，他们会下意识地认为是别人有问题。这种思维方式让他们难以体验到生活的乐趣，容易陷入麻木状态。当外部信息与他们自身的信念发生矛盾时，则会对他们的内心造成严重冲击。

很大程度上来说，喜欢讲大道理的人往往有种"当局者迷旁观者清"的心态。他们认为自己是局外人，自己没有过多的情绪，因此会看得更加通透，会看到问题的本质，所以，他们好为人师。

即便他们的出发点是为了拯救一个深陷困境的人，但最终往往无济于事，因为他们忽视了对方的真实需求。讲大道理也只是从他们自身的角度出发来思考别人的问题，并没有真正做到换位思考，没有真正做到共情。

那些高情商的人在表达自身的观点时，首先会找到对方出现这种情绪的根源及自己在这种情绪状态中的应对方式，然后对症下药。只是滔滔不绝地讲大道理代表你并没有看到问题的本质，你只看到了问题的表象，因此只能通过抽象的大道理来开导、引导对方，而不能一语中的地找到他的需求和问题的症结所在。

2. 给同伴施加完美主义压力

很多时候，喜欢"说教"的人靠谱、有原则，对自身有严格的行为标准，对他人也会提出标准化的要求，和他们一起共事是非常愉快的事情，但和他们成为朋友，往往会存在巨大的压力。这便是他们的另一大特点，会给同伴施加完美主义压力。

一方面，他们普遍存在精神洁癖，是完美主义者，会不自觉地想改变身边亲近的人。所谓精神洁癖，就是一个人强迫自己的内心世界要绝对干净，而且随时准备清理自己的内心世界，使内心世界处于自己满意的状态。和这样的人相处，你必须完全符合他们心中设想的"形象"，如果在交往过程中你不小心暴露一些缺点，就会被对方严厉地说教一番。长此以往，生活的乐趣也会慢慢磨灭，感情、友谊也难以维系了。

心理学上的出丑效应早已告诉了我们，这个世界上最讨人喜欢的人是聪明而带有小缺点的人，太完美不一定是件好事。

那些喜欢"说教"的人一生都在扮演"受害者"的角色，与其说是受虐，不如说是自虐。对待感情，他们对自己要求严苛，不允许自己犯错；告诉朋友要节制、自律、认真、努力，处处充满说教和劝诫。同时，他们要求自己和他人都能够活得像神一般圣洁、美好，试图拿自己的条条框框来约束其他人。一旦发生错误，便将责任归结于对方。他们有一套严苛的信仰，在他们眼中，世界只有黑白，做事只有正确和错误之分。

他们几乎都是亲密关系中的绝对领导者，他们喜欢挑剔同伴的缺点，把自己的三观强加给对方，表现出极强的控制欲。但是他们往往在事业上比较成功，这导致很多人选择对他们一再迁就，不断地将自己的权利让渡出去。

我想到一个真实的故事，一位女翻译曾跟我讲过，她和一位女性朋友在相处中产生了很多问题。这个朋友是房地产公司的管理层，比她成熟，收入也比她的高，同时还一直给她灌输一种"生活非常现实，我们必须越来越优秀"的思想，这让她经常觉得压力爆棚。

理想的友谊应该是让人觉得放松而不是充满压力和烦恼的。一段关系中，某一方长期占据主导地位容易导致关系失衡，主导方会习惯于这种在关系中的力量感和掌控感，另一方则让渡了很多属于自己的权利，去迎合对方，即使两个人可以继续相处下去，压力也会一直存在。

3. 无法做到平等沟通

那些喜欢"说教"的人在说教他人时，被教育的一方内心通常是不悦的，但是他们自己却坚持认为这是为了对方好，其实这只是一种变相的"自大"。

例如，一个女孩在与父母闹翻后选择离家出走，父母费尽心思去找孩子，人回来了，关系却很难回到从前。孩子心里不愉快，做父母的也觉得很委屈，他们认为自己已经动之以情，晓之以理了。

我告诉这对父母，是他们与孩子的沟通出了问题，这对父母听到后一脸疑惑："我们每天都告诉她要专心读书，可一直没松懈过呢！"其实，这并不是平等的沟通，只是一方对另一方的说教，真正的沟通应该做到把彼此放在平等的位置上，接纳对方和自己思想的不同之处，而不是强行向对方灌输自己的价值观。

很多父母总认为自己是过来人，经验丰富，所以打着"我为你好，我比你懂"的旗号去教育孩子。然而，教育的前提是理解，你都不理解自己的孩子，孩子又怎么会对你心服口服呢？孩子愿意和你分享心情，说明他是信任你的，请不要辜负了这份信任。

那么，什么是平等的交流呢？真正平等的沟通交流需要满足两个元素。

- 分享，即相互分享与倾诉。
- 客观，即客观中立地看待对方的观点。

忽视这些元素，一味地教导他人，纠正他人的过错，对他人严厉呵责，只会使关系失衡。

在与他人交流的过程中，我们需关注对方的兴趣，清楚对方的脾气、底线，顺其自然地与之相处。交流中，除了自身的逻辑合理外，更重要的是情感层面的相互认同，若双方处于对峙或敌对状态，讲道理、说教式社交是没有作用的，只会对关系造成负面影响。

● 高情商的人，从不讲大道理

一个事实是，生活中那些高情商的人，从不会给任何人讲大道理。一方面他们明白，社会圈层将同一层次的人划分到了一起，而同一社会圈层的人大都有着相似的教育背景和认知水平，这个时候，你所讲的大道理并不会高出身边的人几分。你所讲的人生哲理，他们也都明白，他们陷入困境的原因往往在于难以知行合一。

另一方面，他们深知安慰他人不如管理他人的情绪。不可否认的是，给他人讲道理的出发点通常是为了对方好，希望对方能够考虑清楚，明辨是非，但是我们需要注意方式，否则只会适得其反。

很多时候，我们总是倾向于安慰那些陷入悲伤或愤怒情绪的人，希望他们冷静下来。大道理在这种时候会起到安慰的作用，然而它的作用是微乎其微的，人的情绪很难通过几句安慰的话语而得到缓解。

安慰其实是一种让人克制情绪的方式，弗洛伊德认为，过度地克制某些需求与欲望的表达，往往会使个体走向另一个极端。那么，高情商的人是怎样做的呢？他们会承认情绪存在的合理性，他们不会讲大道理去安慰他人，而是想办法让对方合理地宣泄情绪，这是一种管理他人情绪的方式。管理他人的情绪，让他们自己清醒，才是标本兼治的方法。

请远离那些从不发脾气的人

心理学家卡尔·荣格说过，愤怒本身不是不理智的，但是怎样处理愤怒，决定了它是建设性的还是破坏性的。

在心理学的广阔领域中，愤怒和情绪表达一直是研究的热点。

心理学家普遍认为，适度的情绪表达对个体的心理健康至关重要。

然而，社会上存在这样一群人，他们似乎从不发脾气，表面上看似温和，但实际上可能隐藏着重大的心理健康隐患。

⊃ C 型人格

20 世纪的心脏病学家迈耶·弗里德曼和瑞·罗森曼共同提出了著名的 A 型和 B 型人格理论。后来，弗里德曼还进一步提出了 C 型人格的概念。

C 型人格的主要特征是压抑和合作。这种人格类型的人往往不愿表达负面情绪，尤其是愤怒，他们通常非常合作、顺从、耐心、被动、和善，且倾向于内向和避免冲突。

C 型人格的人常常出于对和谐的渴望而压抑自己的真实情绪和需求。

最初，弗里德曼和罗森曼的研究集中在 A 型和 B 型人格如何与心脏病风险相关。

后来，弗里德曼对 C 型人格的研究发现，这种人格类型可能与某些健康问题相关，特别是与罹患癌症的风险相关。

研究显示，C型人格的人因为倾向于压抑情绪和避免冲突，可能在心理上更易于长期承受压力和焦虑，这可能会影响他们的免疫系统，从而增加患病的风险。

⊃ C型人格的行为特征

C型人格通常有如下行为特征。

- 情绪压抑：不愿表达不满或愤怒，通常保持内心的平静。

- 冲突回避：倾向于避免任何形式的争论和冲突，哪怕是为了自己的利益。

- 高度合作：在人际关系中表现出高度的合作性，常常牺牲自己的需要以满足他人。

- 过度顺从：倾向于过分顺从他人的意愿，缺乏自己的观点。

- 内向和被动：在社交场合中可能表现得内向和被动，不愿意成为他人关注的焦点。

C型人格的人由于长期压抑自己的真实情绪，可能面临一系列心理和生理健康问题，如抑郁、焦虑和身体健康问题。

此外，他们也可能在建立和维护满意的人际关系方面遇到困难。弗里德曼提出的 C 型人格理论提供了一个有用的框架，用以理解那些压抑情绪和避免冲突的人的行为模式及其对心理健康的潜在影响。了解这种人格特征有助于我们更好地认识和处理与之相关的心理健康问题。

下面就以我的朋友小林的经历为例，深入探讨这一问题。

小林最近遇到了感情问题。她的男友一直以来都是一个非常温和的人，从来不对她发脾气，处处忍让。但最近，他突然爆发，态度发生了 180 度大转变。这种转变不仅让小林感到震惊，也让她深感困惑和不安。这个例子告诉我们，那些看似从不发脾气的人，其实可能在长期压抑自己的真实情绪。

如同心理学家弗洛伊德所说，被压抑的情绪不会消失，而是潜藏在潜意识中，等待着爆发的机会。这类人表面看似适应良好，但实际上可能因为长期的情绪压抑而面临更高的心理健康风险。

当这种压抑达到一定程度时，可能会导致突然且强烈的情绪爆发。就像小林的男友一样，这种爆发往往是出人意料的，严重的情况下可能导致关系破裂甚至暴力行为。小林的例子清晰地呈现了这一问题。她的男友一直以来的温和其实是一种过度的自我控制和对冲突的回避。当这种控制无法继续时，长期积压的不满和愤怒便以爆炸性的方式释放出来。

通常，这类人在自我认知方面存在缺失。他们可能没有意识到自己的真实情绪，或者认为表达负面情绪是不可接受的。这种情绪处理方式在人际关系中会造成问题。它阻碍了有效的沟通，导致双方无法真正理解和适应对方。

长期的情绪压抑可能导致诸如焦虑、抑郁等心理健康问题。这些问题可能在不经意间爆发，带来严重的后果。从心理学的视角来看，那些从不发脾气的人实际上可能隐藏着严重的心理问题。他们的行为模式不仅可能导致个人的心理健康问题，也可能对他们的人际关系造成破坏。

因此，了解和认识这种行为模式的潜在风险至关重要，不仅对个体自身，对与他们相处的人来说也是如此。如同小林的经历所示，及时识别并处理这些问题对维护健康的人际关系至关重要。

不合群的优势

生活中，那些独来独往、不合群的人仿佛被这个世界"抛弃"了，很多人会觉得他们孤独、可怜，其实他们内心是享受孤独的，他们还会可怜那些合群的人。在他们眼中，合群不过是戴着虚伪的面具不停地迎合集体，迎合众人。当然，这里提及的"不合群"是指主动选择不融入某个群体，而不是指渴望融入群体而不得，最终逃避与人打交道的行为。

对很多人来说，孤独是可怕的，它既能够侵蚀一个人的内心，让它归于空虚，又能让人在孤寂中滋生烦躁和不安。

而对于那些不合群的人来说，"孤独"状态则给他们提供了安全、舒适的空间。

美国作家理查德·耶茨说过——所谓孤独，就是你面对的那个人，他的情绪和你的情绪不同频。对不合群的人来说，因为不被人理解，也不理解他人，所以他们的孤独感非常饱满。同时，他们非常真实，总是遵从自己内心的真实感受，不会勉强自己做不喜欢做的事，说自己不喜欢说的话，他们有一些明显的社交与认知优势，具体体现在以下几个方面。

⊃ 不合群的优势

1. 独立性更强

虽然合群可以给人带来安全感，但会削弱独立性，而人格越不独立的人，就会越依赖于群体。你原本想去做某件事，但碍于群体的偏见最终选择迎合大众，这并非一个人意识上不愿意独立，而是潜意识里不敢独立。

人类对于"不同"的包容程度远比我们想象中低得多，

一个不同于常人的个体或多或少会被周围人不理解，甚至被指责、谩骂、诋毁。人是社会群体动物，会追求社会和他人的认同。当一个人不断地受到外界怀疑时，将很难保持理智，即便是聪明的学者也是如此。

为了迎合群体，大部分人都会戴上人格面具。这个面具一方面保护其免受集体的攻击，另一方面又让他们失去了做自己的自由。相比之下，不合群的人拥有独特的思维模式与更强的独立性，即使身处群体之中也不会轻易受到他人思想的影响，他们很清楚自己不合群不是因为不够优秀，而是不甘随波逐流。

"乌合之众"向来都是贬义词，这类人没有勇气对抗群体压力，为了平衡内心的矛盾，开始排挤不一样的个体，攻击那些不遵守"规则"的人。而不合群的人则抵住了压力，活得独立且真实。

美国社会心理学家沙赫特认为，合群能降低恐惧感。而对于内心强大的人来说，因为优秀，所以自信，也就不必通过合群来消除恐惧感了。一般来说，能够做大事的人，专注力都比较强，如果总是追求合群，反而会分散注意力，很难把事情做到完美。另外，过度依赖群体，我们将很难独立思考并且发现自我、提升自我。一个帮助人们保持独立判断能力的习惯就是：学会去质疑。无论与我们交往的人多么优秀，环境氛围看起来多么完美，我们都可以撒下理性的种子，不拘于行，不愧于心。

2. 更理智与智慧

当大家都赞同某个观点时，即使其中有一个人内心并不赞同，往往也不会反驳，这便是个人合群的开始。而且大部分合群的人还会站在大多数人的观点上指责那些不合群的人。这个时候，即使群体中有一些性格独特、有不同思想观念的人，他们的情绪、个性、独立思考能力也会受到影响。为了融入群体，他们无法控制自己，并且希望所有人同一化，包括那些刚进入群体的新人。

群体心理学的开山之作《乌合之众》一书中有一个观点是——处于群体中时，为了得到认同感，个体宁愿抛弃原则，来换取那份令人感到安心的归属感。

如何理解合群会拉低一个人的判断力？在心理咨询过程中，A曾给我讲述了一段他大学时期被骗的经历。那时他刚上大一，对未来感到很迷茫，于是心血来潮地加入了一个所谓的口才情商培训班。刚进去他就发现，这里的老师都能说会道。大约一个月后，他成功地加入了几百人组成的"精英班"，工作内容是推广、销售产品并发展下线。里面的人个个"雄心壮志"，希望能取得高业绩，对此，虽然 A 本身有抵触，但也不断说服自己——做销售能锻炼口才和情商。直到几个月后，培训班濒临倒闭，老师们纷纷跑路，A 才意识到自己被骗了，开始对此类培训班深恶痛绝。

在培训班"学习"的几个月里，A 表现出高度"合群"，实际上这是心理防御机制"合理化"在作怪。他的潜意识里其实知道自己加入了传销组织，但由于人是社会群体性动物，会追求群体归属感和认同感，所以意识里不愿意承认这件事，于是选择将事情的本质合理化。

"合理化"是指当个人的动机无法实现或行为不能符合当前的社会规范时，会尽量搜集一些合乎自己内心需要的理由，给自己的行为找一个合理的解释。在培训班群体内部时，A 启动了"甜葡萄"心理，认为自己加入的组织是最好的，而当培训班的传销本质暴露后，他又启动了"酸葡萄"心理，"我早就知道，它就是一个传销组织"。

哲学家叔本华说过——要么选择独处，要么选择庸俗。当你跳出群体再来审视自己的行为时，你会觉得当初的自己太不理智。理智往往来自独处，而不是热闹。热闹会放大你的欲望，让你觉得沉沦并不是错，因为身边的很多人都是如此。

不合群的人深谙群体环境会带来弊端，于是选择一条少有人走的路。心理学家阿德勒认为，我们大部分的烦恼来自人际关系。对不合群的人来说，他们的烦恼则来自如何实现自己的目标，特立独行的他们从来不会因为鸡毛蒜皮的小事怨天尤人，更不会情感泛滥，与这类人交往，你会发现忠于自己才是人生真正开始的标志。

3. 更了解自己、知道自己想要什么

"那些看起来不合群的人才是最了解自己的。"这句话其实建立在了一个默认的条件上，那就是大多数人不知道自己要什么。

我们先来看看哲学家和心理学家是如何看待"大多数人"这个群体的。古希腊哲学家柏拉图曾提出"理想国"的社会构想。在理想国中，每个人都按照能力各司其职，最终

形成稳定的社会结构。而国家治理者都是哲学家，他们是处于社会顶端的少部分人，也是整个社会中最具智慧、最有文化的人。所以，理想国的治国理念是，少部分聪明的哲学家治国。理想国中的一个核心比喻是洞穴囚徒比喻：洞穴里的人都是被锁住的、缺乏哲学思想的囚徒，在他们身后是燃烧的火焰，面前是一座高墙，因为被牢牢锁住，他们只能看到一个方向，也就是墙上火焰的投影，他们都以为这是真实存在的。

直到有一天，有一个挣脱了锁链的囚徒看到了洞外的风景，看到了实实在在的事物，才意识到过去在洞穴里看到的都是虚假的影像。这个时候，他可以选择做一个有思想的人，回到洞穴中告知其他同伴世界的真相，指引他们走出来。但是这显然是有难度的，他的同伴们很可能把他当作疯子，因为被锁住的囚徒代表了大多数人。

接下来是哲学家罗素，他在《西方的智慧》中写道："康德说过，他不担心被证明有错误，却担心被误解。"普通人误解康德的概率更高，还是哲学家误解康德的概率更高？显然是普通人。我们对哲学家的定义普遍是"爱智慧的人"，而爱智慧的人是很少的，这个世界上的大部分人难免犯不爱思考的错误，这是罗素提到的康德的看法。

无独有偶，叔本华在《人生的智慧》一书里是这么写的："并且，当我们终于清楚地了解到：在大多数人的头脑里面，都是些肤浅的思想和渺小的念头；这些人目光狭窄，情操低下，他们的见解谬误百出、是非颠倒——当我们了解到这些以后，我们就会逐渐对他人的评论淡然处之了。"当然，以上全都是哲学家的言论。

心理学家荣格将潜意识分为个体潜意识和集体潜意识，社会心理学家古斯塔夫·勒庞使用了"crowd"一词指代群体，中译名是"乌合之众"。荣格和勒庞都强调了集体潜意识对个体的影响。由此可见，大部分人不够了解自己，不知道自己想要什么，这个说法是基本准确的，因为大部分人受集体潜意识的影响很大。他们在该上学的年龄上学，该工作的年龄工作，该结婚的年龄结婚，该生子的年龄生子，可是当你问他们为什么，他们可能说不出个所以然来。结婚是因为到年龄了，别的同龄人都结婚了，自己感到孤独了，还是因为自己想要结婚，这足以区分大部分人和那些看似不合群的人。

4. 原则性更强，更坚持自己的选择

不合群的人一般有着自己的原则，他们选择不合群，是因为他们不认同群体中某些成员的行为习惯。很多人这个时候会选择压抑自己的反感并加入群体，这样看来，那些敢于"自成一派"的人是勇敢的，为了坚持自己的习惯和态度，他们宁愿承担被群体成员排斥的风险。

生活中，很多人不愿意靠近那些不合群的人，因为他们表面上看起来无趣、淡漠。但其实真正靠近之后你会发现，他们只是慢热，一旦他们认定你做朋友，会坚持自己的选择。

对他们来说，朋友不是必需品，但能够成为他们的朋友，说明他们内心已经完全接纳了你。就像他们的性格一样，表面上看起来不讨好、不迎合，却又很真实，对于自己选择的朋友保持高度信任，更不会轻易放弃。从心理学的角度看，生活中表现得慢热而长情的人，或许曾经受过伤害，他们的冷漠只是保护自己的刺，长时间相处后你就会发现他们的温柔。

⊃ 懂得平衡自我和群体的关系，才能更加灵活和包容

如果一个人完全按照环境和他人的要求来行事，他人可能会认为他圆滑甚至虚伪。而如果一个人说话毫无分寸，丝毫不顾及环境氛围，他人又会觉得他太无知。

所以，社交成熟的第一步就是清楚不同场合对人的要求是什么，接纳这种要求，并平衡外在要求和自我需要的关系。

知世故而不世故是很多人对"成熟"这个词的理解。这和心理学中的一个理论相对应——"外向性自我意识"。我们可以很清楚地感受自己身体、情绪的变化，这是一个人的自我意识，而外向性自我意识则是自我意识的外延。

外向性自我意识强的人可以很深刻地意识到自己是社会系统中的一分子，可以了解到自己在他人眼中的形象，并施加改变，很清楚在什么场合展现自己的哪一面。

通过参加各种社交活动，我们可以更深刻地理解在什么场合该说什么话。在必要的时候，我们会按照环境的要求展现自我，同时这会使我们对环境的感知更敏锐。

　　"人世间真是难处的地方，说一个人'不通世故'，固然不是好话，但说他'深于世故'也不是好话。"鲁迅先生的这句话，道出了人们为合群而变得虚伪这个话题的复杂性。其实，为了适应群体而做出一些相应的改变并不意味着背叛自我，真正的成熟是懂得平衡自我和群体的关系，这样我们在人群中才能变得更加灵活和包容。

这四个方面，千万不要低调

谦虚是中国文化的一种核心品质。

很多人推崇《道德经》里关于水的描述："上善若水。水善利万物而不争，处众人之所恶，故几于道。"

人们期望自己能如水般低调，不与人争执，从而过无悔的生活。然而，对这种思想的理解常常被曲解。这句经典言语强调的是人应当保持低调不争的姿态。有时候，不与人竞争不仅不会失去什么，反而能避免许多麻烦。但一些人错误地认为，在任何情况下都应该保持不争的态度。

他们在各种场合都不争抢，不知道为自己争取权益和机会，不知道过分的低调、退让会使人易于被控制。

深入了解人性和心理学后，你会发现在以下四种情况下绝不能保持低调。一旦低调，可能会被他人轻视，这是处世之道。

➲ 遭受欺凌时不可低调

一些人往往会欺软怕硬。在心理学里，踢猫效应是一个广为人知的概念。它指的是人们倾向于向比自己弱小或比自己地位低的人发泄负面情绪，从而引发一连串的负面情绪传播。

例如，一个经理被上司责备后，把积压的怒气转嫁给下属。下属因无法对经理发火，回家便对家人发怒。这种情况就是典型的踢猫效应。显而易见的是，人们通常不会向比自己强的人发泄情绪，而是将情绪发泄给弱者。

他们清楚，弱者较难反抗，欺负弱者意味着不用对自己的行为后果承担责任。因此，在受到侵犯时决不能保持低调，否则人们会将你视为易于欺负的对象，不断地对你进行欺凌，且行为可能会越来越过分。校园霸凌现象就是这种行为的反映。因此，面对霸凌，通常的解决策略就是反击。

⊃ 展示能力时不应低调

网络上流传着这样一句话：低调做人，高调做事。这成为很多职场人士的座右铭。

为何在工作表现上应高调呢？这是因为工作是展示个人能力的舞台，职场如战场，只有能力强者方可立足。

若总是保持低调，个人的才能和努力可能就会被埋没，不会得到应有的认可和重视。

低调是指个人的生活态度应保持谦逊和礼貌，而不是自负。然而，在工作表现上，必须要高调，让人们看到你的努力和成果。只有这样，个人的实力和贡献才能被众人所见。

许多职场人士体会到，尽管自己的工作业绩出色，却因为过于低调而不被领导看重。他们在工作中默默付出，却未能明确表达自己的贡献，只是静候他人发现自己的价值。

然而，在庞大的组织中，领导不可能详知每位员工的贡献。他们更信任可见的表现，这也解释了为何许多领导倾向于认可加班的员工，因为加班的努力是可见的。

因此，在能力充分的前提下，工作时应保持高调。不仅要努力完成任务，还需确保自己的努力和成绩得到同事和领导的认可。这样，才有机会获得更好的职业发展。

在人际交往中，帮助他人时，也要确保对方知晓你的助力。这并非追求回报，而是让彼此的贡献得到认可，避免因对方不知而产生误解。

⊃ 争取机遇时不宜低调

在传统观念的影响下，许多人认为主动争取机遇显得不够谦虚。实则机遇不会无缘无故地降临，而需人们积极争取。

职场里，不能仅等待上司指派任务，而应主动承担责任和寻找机遇。在商业谈判中，同样不能指望机会自动来临，而是要主动出击。

事实上，机会无处不在，关键是能否用心察觉。生活中的机遇往往隐藏于细微之处，只有积极主动的人才能把握。在缺少机遇时，也需学会创造条件，实现天时、地利、人和的和谐统一。

◑ 争取权益时不应低调

很多人认为争取经济利益有失体面。因此，许多人在权益问题上过度让步，认为这能保全自身。但实际结果往往适得其反，他们更易被人欺负。

这与所谓的破窗效应有关，即容忍小问题可能导致更严重的问题。

这个效应提示人们，必须设定明确的边界，特别是在权益争取上不应过于软弱。一旦开了先例，就会陷入被动，使维护权益变得更加困难。

　　所以，当涉及自身利益时，人们不应过分低调。习惯性的软弱只会招致更多欺凌。设立边界，当他人侵犯自己时要勇于站立、争取，以防自身权益被侵害。

假装幽默的"行尸"

    战国时期楚国诗人屈原在《九章·怀沙》中写道："眴兮杳杳，孔静幽默。"这其实是"幽默"一词最早的出处，意思是安静。现代汉语中"幽默"一词是国学大师王国维在1906 年出版的《屈子文学之精神》一书中对英文单词 humour的翻译。这个词最初译为"欧穆亚"，属于"舶来品"，如同沙发（sofa）等词语一样。当时的翻译版本众多，如语妙、油滑、优骂、谐稽，今天看来，将 humour 翻译成幽和默两个字，简直是神来之笔，用来形容有趣或可笑，但又意味深长，表达得恰到好处，体现了幽默的精髓——认真地开玩笑。

幽默的人机智，喜欢自嘲、调侃身边的人，可以用风趣的态度化解悲观、消极的心态，能给身边的人带来欢乐。正如中国功夫中的太极，通过看似轻松、简单的动作，蜻蜓点水般地化解摩擦、消除敌意、避免尴尬，防止矛盾进一步升级。

日常生活中，我们都乐意与幽默的人交往，因为与他们交往有一种如沐春风的感觉。那些具有幽默天赋的人，如喜剧大师卓别林，一颦一笑、一举一动都可以让人开怀大笑。

幽默的根基是智慧和学识，再加上不凡的谈吐和随机应变的能力。真正幽默的人能够采集生活中的趣事，并对其加工改造，使其符合情境的需要。

钱钟书在《围城》一书中尽显幽默，与他渊博的知识、圆通的心态密不可分。这种打心底里流露出的幽默绝非一般人可以学到的。钱钟书将幽默看作一种心态，认为幽默不应加以提倡，正如其在《说笑》中所述："经提倡而产生的幽默，一定是矫揉造作的幽默。这种机械化的笑容，只像骷髅的露齿，算不得活人灵动的姿态。"

一旦幽默变得矫揉造作，它将失去内核。那些假装幽默的人就像行尸走肉，没有灵魂，令人厌恶。从心理学角度看，喜欢假装幽默的人普遍具有以下五点特征。

⊃ 假装幽默的人具有哪些特征

1. 圆滑世故

假装幽默的人做出这种"幽默"行为通常具有明显的目的性。他们能根据实际情况迅速做出反应，圆滑世故、左右逢源是他们的处事风格。虽然他们也能灵活处理事务，但是总站在自己的角度考虑问题，难免会伤害身边的人。而过于圆滑世故的结果就是他人看不到他们的缺点，这体现了他们对于周围人群心理的把控，他们知道如何将针锋相对化解为平和，有时甚至可以将自己的原则暂时搁置。

日常生活中，他们对周围的人带有极强的防备心理。正是因为他们小心谨慎，所以才会在交际中左右逢源。由于总是在人际交往中刻意避免不必要的冲突，导致人们无法感受到他们的真实性情。所谓"人无癖不可与交"，当你看不到一个人的缺点时，你也就无法和他成为好朋友。原因在于，要么你们的人生阅历已分高低，要么就是对方对你有所戒备。

2. 敏感

喜欢假装幽默的人随时都在观察周围环境氛围的变化，总是能发现生活中的趣事，并带给大家欢乐。这体现了他们对周围事物的敏感程度。这种敏感不仅体现在对外界的关注上，更体现在自我心理层面。他们很在意周围人群对自己的看法，但不会轻易表露这份在意，只是在心里暗自防备。

3. 自卑

真正幽默的人可以通过自嘲来达到诙谐的效果，而假装幽默的人的自嘲其实是一种取悦，即通过贬低自己来让他人满意。他们的内心深处其实是自卑的，他们不希望与朋友之间的关系变得生疏，于是便假借幽默的形式取悦周围的人。

他们内心其实对这种幽默十分抗拒，但因为自卑心理的存在，他们迫切地需要他人的认可，从而形成一种恶性循环，对自己的心理健康造成极为不利的影响。在日常的人际交往中，人与人之间正常、健康的交流方式一定是平等的，一味地贬低自己只会让他人认为你自甘堕落。取悦他人不如取悦自己。站在对方的角度看，人们都更希望跟比自己聪明、优秀的人交往。一个经常贬低自己的人，如何诠释自己的价值呢？

4. 低俗

很多时候，假装幽默的人喜欢借助幽默的外衣，把低俗当幽默，总是喜欢开一些不合时宜的玩笑，比如对他人的痛处或出丑添油加醋，通过无厘头或恶搞的形式来引人发笑。这些行为经常会令人感到厌烦和尴尬。

真正幽默的人根本不会开低俗的玩笑，他们的幽默是健康、高级、严肃而睿智的，这种有趣的灵魂是无法模仿的。

5. 尖刻

如果说圆滑的人是通过贬低自己来取悦他人，那么尖刻的人则是通过指责别人来取悦他人，利用所谓幽默的方式直白地指出他人的缺点，尖酸刻薄，却往往会引人发笑。但是，这种尖刻的幽默是不道德的，也是最不被人所接受的。

真正的幽默讲究含蓄的艺术，不会有刀光剑影的直接伤害，而更像是一种智慧的表达，类似于"太极"平衡，降低各方冲突，绝不是低俗、无下限的搞笑。面对他人不友好的态度，真正幽默的人往往能以一种轻松的调侃应对，表现得温文尔雅、委婉轻快。

教育家斯维特洛夫曾说过：教育最主要的，也是第一位的助手，就是幽默。运用幽默的方式说出意见比直截了当地提出意见更容易让人接受。心理学上，幽默行为被认为是一种心理防御机制，即个体在不利环境下为恢复心态的稳定和平衡产生的一种适应性倾向。所以，真正的幽默是一种适应性表现，不是刻意为之。

作家钱钟书就从不以"幽默"来进行自我标榜，但是他在文章中却将幽默艺术运用到登峰造极的地步。幽默作家班奇利在面对读者的嘲讽时这样说："亲爱的，来不及了。我已无法放弃写作了，因为我太有名了。"他用一种令人愉悦的、迂回的方式处理了问题，既保护了读者的自尊心，也维护了自己的荣誉。在很多社交场合中，幽默都是化解尴尬的主要力量。那些真正幽默的人，三言两语却妙趣横生，只言片语又令人忍俊不禁，总是能够在愉快的氛围中轻松应对问题。

第四篇

从被动社交到掌握主动权

厚脸皮的优势

在汉文化圈当中，"厚脸皮"一般用于讽刺和贬低那些做事情不分场合、不知廉耻的人。与"厚脸皮"相对应的是"薄脸皮"，而"薄脸皮"并非是一个绝对的褒义词，在某些语境中它是贬义的，尤其是在形容那些年纪较小，阅历尚浅，刚刚进入某个领域的人时。而当"薄脸皮"以贬义的味道出现时，"厚脸皮"则通常被用来形容那些做事情少有顾忌的人，甚至带有褒义的意味，可见，我们不能用单一的视角去定义"厚脸皮"。

从个体心理层面分析，厚脸皮具有生物适应性，那些厚脸皮的人往往有着强大的心理防线，做事情也更容易成功。那么，我们该如何利用厚脸皮积极的一面呢？

⊃ 不要被先觉的羞耻感影响

我们在借助心理学来研究个案时，有一个原则是将一个人的外在表现、处事能力、认知、思维方式、行为习惯、过往经历和遭遇等作为一个整体来研究，因为只有这样得出的结论才是科学而客观的。

所谓"厚脸皮"，属于个体心理学范畴，其积极面是指一个人在处理和面对事情时具备松弛的心态，以及强大的心理承受能力和灵活多变的行为模式。面对同样一件事情，有的人显得措手不及，特别是那些平时脸皮薄、放不下面子的人，他们总会被一种先觉的羞耻感（想象自己的某些言行会招致嘲笑，从而产生羞耻感）阻碍思考，通俗地讲就是不好意思做、不好意思说。

对那些厚脸皮的人来说，他们看待一件事情会更客观，心态相对来说更松弛，容纳度也比较高，所以他们不会让自己沉浸在一种自我营造的先觉的羞耻感之中。他们总是在认知方面保持相对的冷静和客观，在这种心态之下，他们处理问题不会轻易受到外部因素的干扰，因此也就更容易达成目标。

建构主义学派认为，人以自己的知识经验为背景来建构对世界的理解，对同样一件事，不同的人会有不同的看法。同样是考试失利，悲观者会将低分归因于自己的能力不足，认为自己先天低能，根本无法通过努力改变，这个时候如果不能及时调整，他们可能从此一蹶不振。

相比之下，乐观者则会将低分归因于自己的学习方法有问题，或者认为自己还有相当大的进步空间，他们体验到了积极情绪，这些积极情绪激发了他们的学习动力，那些厚脸皮的人往往拥有这样的乐观心态。所以，无论在生活中还是在工作中，遭遇失败时，我们都要积极引导自己将行为结果更多地归因于外部、可控的因素，从而保护自我价值感，提高自我效能感。

⮕ 相信自己，大胆行动

厚脸皮是一种心态，更是一种行为。对厚脸皮的人来说，他们怎么想就怎么做。我们可以观察一下周围那些厚脸皮的人，他们的行事风格一般都是雷厉风行、百折不挠的，他们的一个共同特征就是：相信自己，不太在乎他人对自己的看法。他们更注重自我实现，一旦明确了自己内心想要什么，就会付诸行动。

具体行动过程中，他们也懂得利用周边环境和自身优势，他们有一种强于一般人的洞察力和审时度势的能力，在面对失败和阻碍时，他们往往表现得更乐观，行为更坚定、更加努力。比如，当他们在工作中经历了很多打击和讽刺时，他们往往不当回事，他们的耐受度和心理弹性不是一般人能比的，结果就是这类人群总能实现自己的目标。

如此看来，让厚脸皮成为人性优势和正向力量至关重要。但是需要提出的一点是，厚脸皮并不等于没有原则，如果一个人脸皮厚到丧失道德底线，就是人格层面的问题了。

⊃ 不要让他人的看法遮挡你的光芒

很多家长在向外人介绍自己腼腆的孩子时会不好意思地说："这是我们家孩子，脸皮薄，您多担待。"这种言论其实隐含了一种信息："薄脸皮"的人需要被担待，这恰恰说明了"薄脸皮"这种特质有消极的一面。延续前文的分析，当一个人脸皮薄到过分在意外界对自己的看法时，这种状态可能会影响其职业发展。

学习能力很强，但是"薄脸皮"的小阳，在硕士毕业之后一直未找到合适的工作，只能硬着头皮去一家培训机构做负责销售课程、联系家长的"班主任"工作。后来，小阳总是觉得面子上过不去，觉得自己硕士毕业还来做这种工作会被看不起；觉得电话那头的客户一定会挂断电话；觉得自己堂堂男子汉大丈夫无法很好地处理这种事情很丢人。

于是，两个月的时间里，小阳每天都在纠结之中度过，打电话的数量最多只有同期同事的10%。没有业绩的小阳自然失去了这份工作，在离职时，公司的领导语重心长地对他说了一句话："小阳，脸皮太薄干不了这种工作。"

一个人在社会中既不能完全不顾他人的感受与想法，为所欲为，也不能过于在乎他人对于自己的看法，患得患失。

当你做好一个决定时，不妨抛开杂念，让自己忘记"脸

皮"的存在，努力去争取成功。即使失败了也没有必要气馁，
每个人都会经历各种失败，只有相信自己的力量，发挥"厚
脸皮"的优势，继续前行，才能拥有自己想要的未来。

与其强迫自己社交，
不如体验"独行侠"的魅力

生活中，内向者很容易被忽视，他们经常被贴上害羞、懦弱、不爱说话、优柔寡断、自卑、自闭、社交能力差等标签，人们总是倾向于这样简单地定义一个人的性格。事实上，人们对性格的早期认识来自"类型说"，即人以群分，每一类人都具有相似的心理和行为习惯。

美国临床心理医师马蒂·兰尼认为，内向和外向的区别在于精力的获取途径不同，内向者通过独自思考获取能量，外向者通过人际交往获取能量。

英国心理学家汉斯·艾森克对内向者做出了这样的描述：他们安静、离群、内省，热衷于独处而不愿意接触他人。内省是构造心理学中的经典概念，强调对自我的观察，内向者通过内省和观察来分析自己与身边的人，但并不会将结论公开表露，这让他们看起来不善言辞。

其实每一个性格内向者都有成为社交高手的潜质，我们大多数人对内向者的认识都是错误的，他们是一群有趣而认真的人。

⊃ 内向者为什么回避社交

马蒂·兰尼博士曾做过这样的调查，询问内向者最害怕什么样的聚会，乐于接受哪些形式的聚会？结果显示，大多数内向者比较抵触野餐、沙滩聚会、慈善活动、演唱会、酒会，而最受欢迎的聚会类型包括音乐会、电影欣赏、个人运动。于是博士推测，内向者普遍难以接受那些现场嘈杂、有压力、要求站立的活动，而倾向于接受那些熟悉、安静、有更多个人空间的聚会活动。从这个角度看，内向者回避社交的根本原因是社交环境不满足他们的心理期待。

更令内向者感到苦恼的是，他们很害怕说"不"。一方面，他们会因为无法参加或不愿意参加聚会而感到非常内疚；另一方面，他们害怕直接说"不"会深深地伤害邀请者，破坏双方之间的关系。那么，如何优雅而得体地说"不"呢？马蒂·兰尼博士提出了两点建议。

- 我无法参加这次聚会，但我非常乐意下次参加。
- 我非常希望能参加这次聚会，可惜我来不了。

如果一个内向者已经置身于社交环境中，又应该如何缓解社交所带来的压力呢？给大家推荐一种社交策略：海葵式吸引。

海葵是一种附着于海洋中岩石的生物，有触须，以海水中的漂浮物为食。对于参加聚会的内向者来说，当你感觉尴尬、难受的时候，可以找到一个座位（岩石）坐下，这样会比你不停地转悠舒服得多，因为座位对内向者而言就是一个依附对象。其次就是参加聚会前就要制订"逃跑计划"，确保你的精力没有在离开前消耗殆尽。这便是适用于内向者的社交策略。

　　既然社交对内向者而言是心理负担，为何又要强迫他们社交呢？他们可以不社交吗？

⊃ 社交宿醉

　　买了杯饮料坐在咖啡店，打开电脑准备安安静静地看一下午电影，突然电话响了，朋友邀请下午一起玩，脑海里瞬间闪过一万个拒绝的理由却硬着头皮答应了朋友，这是典型的内向者困惑。内向者其实没有必要逼自己参加社交，更没有必要为了所谓的"合群"去压抑真实的自我。他们完全可以通过独处获得能量，过多的社交反而会使他们心力交瘁，甚至出现社交宿醉的状态。

　　语言学家萧娜·考特尔最早提出了"社交宿醉"的概念，用来形容那些内向者由于承受了自己可接纳范围之外的社交强度，而造成的诸如头晕、眼花、耳鸣、全身乏力等生理症状。

　　在咨询过程中，很多内向者都向我表示，自己曾有过不止一次的"宿醉体验"，当他们不得不参加小型聚会或者与人寒暄时，会感到莫名地焦虑紧张、呼吸困难。在聚会和寒暄之后，他们会感到非常疲惫乏力，仿佛喝醉了酒一般，出现"宿醉"体验，甚至到了第二天也难以缓解。

从心理层面看，内向者会出现"宿醉"体验，可能与他们的"自我概念"有关。

自我概念是指个体对自身存在所形成的综合印象，决定了我们如何认识自我，如何做出符合自己特征的行为与决策。在一些人心中，他们坚信自己是封闭的、不愿意与人交流的，进而认定自己属于内向人格特质，于是他们的外部表现会符合社会对内向者的普遍期待。

通俗地说，如果你认定自己是一个不爱社交的人，那么就会尽可能地回避人多的场合，长时间待在那种环境下你会感到疲惫；相反，如果你觉得自己是一个热情开朗的人，你就更有可能主动接触新朋友与新环境，更愿意与他人分享自己的生活。我们可以把自我概念进一步划分为反映评价、自我感觉与社会比较三个方面。

1. 反映评价

在少年时期，我们很难定义自己是一个什么样的人，因此只能借助外界的评价来了解自己的个性特征。如果得到他人肯定的评价更多，便可以形成比较良好的自我概念；反之，如果他人对自己的反应偏向消极，我们便会觉得自己很糟糕。比如，在学生时期，一个人由于和班里同学关系不太好，交不到什么朋友，变得不怎么说话，久而久之，就会被同学评价为孤僻、不好相处。

当这个人觉察到周围人的这种反应时，也会逐渐认可他们的评价，认为自己是内向孤僻、不合群的，进而更加自我封闭，形成恶性循环。

2. 自我感觉

当自我意识越来越完善、心智更加成熟之后，我们的自我概念就不完全依赖于外在的评价了，而是有了一些自己的想法与认识，这便是自我感觉。所以，有的人虽然在童年时期内向自闭、不爱说话，但随着年龄的增长变得喜欢与人交际，这就是自我感觉起到了作用。

3. 社会比较

此外，人们还会通过与他人的比较来衡量自己的标准。比如，在一个过于外向的朋友面前，你会觉得自己没他那么健谈，从而将自己定义为内向者。但这种自我定义并不一定是准确的。所以，当我们意识到自己是内向者之后，仍能通过一些努力，纠正自我概念中有失偏颇的部分，让自己的性格变得更具社会适应性。

在同样的社交强度下，内向者的社交精力消耗是远远超过外向者的，对内向者而言，连续的社交活动是在透支他们的精力，这让他们在必要的社交面前总显得精力不足，因此，对他们而言，确实需要规避一些低质量、低效率的社交，从而将精力投注于少量的、必要的社交活动中。

⊃ "独行侠" 的魅力

比起许多硬逼着自己融入人群却并不快乐的内向者来说，那些敢于坚持内心想法的"独行侠"更具魅力。

"独行侠"的心中往往有远大的理想和未来规划，他们不会因为他人的评价而停下脚步，专心和坚持是他们成功的关键。

知乎上曾有一个热门问题：有一种人表面上性格很好，有礼貌，也容易接触，可为什么让人感觉很有距离感？这个问题提到的这类人其实就属于内向者。因为他们敏感且共情能力强，所以他们总能很好地照顾到他人的情绪和感受，只是时间久了，他人却把他们的善良当作理所当然，心思细腻的他们很容易在人际关系中受伤，所以他们更倾向于"君子之交淡如水"的人际关系。

不交朋友，对于他们而言也是一种自我保护。历史上很多有名的才子、才女都是这种类型——他们避开喧闹的人群，选择投身于书海之中，丰富的内心世界足以充实他们的生活，而社交对他们来说则是一种负担。

奥黛丽·赫本就是一位内向者，她在经典作品《蒂凡尼的早餐》中扮演的角色霍莉·戈莱特丽却是一个性格非常外向的女生，这一度让她感到苦恼。

在后来的访谈中她提到这部电影时说过——我是一个内

向的人，所以要扮演外向的女孩对我来说是表演中最难的。但是，她的内向特质却让她愿意花大量的时间去钻研和打磨这个角色，最终她用细腻传神的演技为这个角色注入了灵魂，名留影史。

仔细观察这些"独行侠"，他们大多心思敏感而细腻；他们总能察觉到被他人忽略的地方，同时拥有极强的洞察力；他们善于察言观色，但是这也让他们在人群中不自在。所以，他们选择了设立边界，做好自己，避免社交。

画家史泰龙说过——人追求理想之时，便是坠入孤独之际。"独行侠"重视精神世界，所以他们的信仰也是至高无上的。无论是实现自我成就还是想改变世界，实现梦想的旅途注定是孤独的。第一台苹果电脑的发明者斯蒂夫·沃兹尼亚克经常一个人孤独地坐在他的机柜旁，他心中有个伟大的梦想，但他最初也只是在一家小电脑公司打工，可是他用自己的坚持和智慧，经历过无数个孤独钻研的日子，最后实现了自己伟大的梦想并影响了世界。

历史上那些伟大的科学家、艺术家、哲学家几乎都经历过自己一个人孤独寻梦的时期，他们没有畏惧孤独，他们在孤独中越来越强。不喜欢社交并不意味着有性格缺陷，无需从社交中汲取力量也是一种优势。与其强迫自己社交，不如体验"独行侠"的魅力。

内向者如何与陌生人交往

内向者如何展开陌生社交呢？从心理学的角度看，内向者在人际交往过程中应该注意四个细节。

- 开始一段交流之前，给自己按下暂停键，梳理如何介绍自己。
- 分析当下的社交场景，确定并随时调整交流模式。
- 陌生社交优先考虑一对一交流，交流的前半段让对方当主角。
- 在社交宿醉之前，有趣而优雅地结束这段对话。

● 学会按下暂停键

当内向者在社交中害怕出错，害怕他人对自己谈论的话题不感兴趣，认为该话题没有讨论价值时，可以尝试从对方感兴趣的话题或一些较大众的话题切入。

在开始一段交流之前，记得给自己按下暂停键，梳理一下如何介绍自己，同时找一些有意思的话题，然后在交流的过程中找到双方共同感兴趣的话题。

● 随时调整交流模式

总是以自我介绍展开一段对话会增加内向者的心理负担，而结构化的自我介绍会让对方觉得你像一个正在推销产品的业务员，从而降低对你的接纳度。因此，你可以在话题后面紧接着介绍自己或直接表达你对对方观点的认同，这可以在一定程度上降低对方的心理防备、拉近双方的心理距离。比如，"我也是个老师""原来你也是这样想的""我和你想的一样"。同时，交流过程中要根据实际情况随时调整交流模式。

⮑ 优先考虑一对一交流

美国《哈泼斯》杂志上的一篇文章分享寒暄技巧时提到，如果一个美国人问你"最近过得好吗"那么最聪明的回答是"我很好"，而不是其他复杂的回答。原因在于，在美国人心中，这句话只是客气的问候，而非深入交流的开启，因此，"我很好"是最佳的回应。

对于内向者而言，陌生社交的展开建议优先考虑一对一交流，这样可以避免你在交流过程中忽略其他人的感受（内向者在群体交流过程中往往难以兼顾多人的感受），并且交流过程的前半段以对方为主。比如，"你是怎么看的""你觉得呢"。

⮑ 学会优雅地结束对话

交流过程中你可能会发现，内向者会突然像喝醉酒了一般，不太愿意继续交流，原因在于连续、高强度的社交早已超出了他们的心理承受范围，导致他们陷入社交宿醉状态。因此，对于内向者来说，在社交宿醉之前结束一段交流尤为重要，既有礼貌又显得高情商。这个时候，你可以给自己找一个退出交流的借口，比如，"不好意思，晚上还有点事，需要先走了"，这个借口就优雅而不失礼貌。

内向者在社交过程中容易怯场，所以充分发挥自己的社交优势很关键。一方面应该尽量将自己置身于人数较少的社交场景中。另一方面交流过程中可以尽快找到共同感兴趣的话题，忘记对方是一个陌生人，将自己沉浸在这段交流之中。

释放你的攻击性很重要

　　人际交往是一门高深的学问，如何舒服地与人相处是一个令不少人感到困惑的课题。在人际关系中一味地忍让、迁就让人无法了解真实的你，而一个"套中人"终究是会被人嫌弃的，所以有时我们需要做一个不好惹的人。所谓"不好惹"并不是强词夺理，而是在理性的前提下，表现出适度的"攻击性"。这里的攻击性有心理学和生态学两层含义。心理学上将人的攻击性分为向内和向外两种：向内表现为表达不畅、自我压抑，向外则表现为对他人的语言暴力。从生态学角度看又会有不同的理解，当个人的行为方式与环境条件不再协调时，可能诱发向内或向外的破坏性行为，即攻击性。

"攻击性"是人类的原始本能，是人类面对周围环境条件改变的一种应对方式，也是人类在不断地学习与进化中习得的一种特殊能力。很多人在精神层面遭到难以承受的打击时，由于他们的自我在发挥调节作用，它不允许自身走向自我毁灭，于是会本能地"攻击"他人。

通常来讲，不仅是人类，所有生物天生都带有不同程度的"攻击性"，这是一种帮助自己生存下去的能力，与过去的经验积累有关，在遇到危机或者失控时会表现出来。不过，对于很多人而言，受到复杂社会环境的影响，他们的"攻击性"被压抑得很深。比如，社交过程中，A 遇到言语上咄咄逼人的 B，受到对方气势的影响，A 的语气弱了下来，甚至会把很多错误归结在自己身上。和 B 这样的人交谈时，A 会为了迎合对方，不断压抑自己内心的真实想法和感受。

还有一些人，他们在人际交往中经常处于一种被动地位，掌握不了聊天的主题，总是在无意间被集体或对方安排成一个倾听者的角色，没有办法在人际中表现真正的自己。他们经常会遭到他人的言语嘲笑或一些其他形式的恶意和伤害。

种种这些导致他们逐渐变得敏感、自卑又懦弱，并且这种影响可能持续一生。

千万不要认为你可以一直将"攻击性"压抑下去。长期压抑自己的"攻击性"，很容易产生一系列心理健康问题，而适度地释放攻击性则是一种有效的宣泄手段。

关于人格与健康的心理学研究发现，那些容易愤怒的人患心脏病的风险更高，而那些长期压抑自己的情绪，把自己陷入悲伤、抑郁心境中的人，甚至会比其他人有更高的患癌风险。

⤷ 区分"破坏性"和"攻击性"

曾经有读者向我诉苦，她是一名大学生，在与室友的相处过程中感到很不愉快。她本身性格随和，一般不会发脾气，但是有时候，室友会深夜打电话、玩电脑，影响她的睡眠，她一般会选择忍耐。有时候，室友说了一些让她感到不舒服的话，她也不会反驳对方，而是默默伤心，嘴上说着没关系。长此以往，对方变得越来越不在乎她的感受了，而她始终压抑自己感受的习惯最终导致她患上了抑郁症。

很多人认为，心存攻击性会破坏自己与他人之间的友好关系。这个观点其实是不准确的，他们是把破坏性和攻击性的概念混淆了。当你内心感受到他人侵犯了自己的边界时，内心就会产生一种极度不满的情绪。这个时候你需要做的是，展现自己的攻击性并明确告诉对方，对方现在的做法已经触碰到了你的底线，请立刻停止行动。

心理学上，"破坏性"和"攻击性"是不一样的概念，具有破坏性的做法是直接辱骂或者与对方发生肢体冲突，以此打断对方的侵犯，并给双方造成实质性的伤害。而展现内心的攻击性则并不会破坏关系，反而会获得尊重，在他人心中树立起独立的形象。

心理咨询的目标之一就是让人更好地发展自己的攻击性，但心理咨询永远是客观、理性的，它不会单纯地支持你愤怒，也不会告诉你"这个朋友，你应该去报复他"，而是让你合理地释放攻击性。电视剧《回家的诱惑》中，女主角林品如受到残忍的欺凌和伤害，却依然畏畏缩缩，后来遇到具有相同经历的高虹女士，她告诉女主角：来到这个世界上，失败过一次的人，未来的人生一定要过得不一样！准确来说，是高虹女士激励了女主角，"强行"让她改变了。可是，不是每个人都能遇到改变自己命运的"严师"，我们更多只能靠自己，在内心痛下决心。如果你不选择"进攻"，原本属于你的就会被他人夺走，你只能空留一生的遗憾。

⊃ 生命的动力

在电影《蜘蛛侠》中，主角彼得·帕克还没有变成蜘蛛侠之前，在他的身上我们看到的特质是：害羞、执着、懒散、封闭、不敢表达真实的自己。但当彼得·帕克变成蜘蛛侠之后，我们会发现他变成了一个魅力四射的男人，究其原因，是他内心的攻击性被完全释放了。追捕小偷、守卫纽约，这些行为让他发现自己拥有超人的能力，从此他不再软弱，攻击性成了他生命动力的组成部分，成了他自我的重要组成部分。

从精神分析的角度看，压抑攻击性的行为其实与童年经历有关。我们知道，表达了自己内心的攻击性之后，最坏的结果也就是结束一段关系，但并不会给他人的生命安全带来实质性的威胁，父母及其他客体依然是存在的。但是，在很多小孩子的认知中，他们并不了解这些，并且他们在表达出攻击性后立马会被父母责罚，于是他们会从童年阶段开始压抑自己的真实感受。

事实上，合理地表达自己的攻击性不仅不会破坏自己与身边人的关系，反而可以让他人了解自己的边界，这并不是一件坏事。有时，具有攻击性的人反而会更吸引周围的人，因为他们表现出了对自己内心的尊重，活得更真实。

⊃ 学习合理地表达攻击性

网剧《我是余欢水》中，余欢水是一家电缆公司的普通员工，连续五个月业绩不达标，因为各种原因被领导责罚，这些让他成了公司的笑柄。再加上他根本无法平衡工作和家庭，导致经常和妻子闹矛盾，连他最亲近的人都不理解他了，余欢水则选择默默忍受这一切。直到有一天，余欢水误以为自己得了癌症，他突然大改以往唯唯诺诺的性格。遇到不讲道理的邻居直接怼回去，仿佛世界上没有人能管得住他了，对于余欢水来说，过去的一切遭遇仿佛都在顷刻间得到了宣泄。

余欢水的经历表面荒诞却又引人思考。这个世界上有两种人：老鹰人格和鸽子人格。前者习惯支配他人，后者习惯被支配，没有攻击性的人，就经常受到支配。

当然，带有攻击性地活着，不是去为难他人，而是摆脱自我被控制的状态。一个人大致的性格特点，人们在第一次与之接触时就能了解。那些自信、具有攻击性的人走路都带风，仿佛体内有着无法压制的魅力。而自卑、懦弱、毫无攻击性的人，走起路来则畏畏缩缩。

想要摆脱自卑、懦弱的状态，你需要先在外在给自己足够的信心，这并非是指装扮自己，而是你可以尝试着训练自己的气场，以昂首挺胸的姿态去面对生活。

想要成为什么样的人，首先假装自己就是这样的人。如果你想成为一个自信大方、侃侃而谈的人，那就暗示自己就是这样的人，你的内心需要有一股把自己推出去的动力。当你想表达某个观点时，请用清晰的言语大方地将它们表达出来，眼神不要飘忽不定，肢体动作也不要有任何迟疑，这些都是不自信的表现。

在自卑、懦弱的人眼里，大声说出自己的想法，吸引他人的注意力是令他们有负罪感的，他们太过于专注他人的想法，经常压制本性，而有攻击性的人往往会让自己处于一种主动状态。

➲ 接纳自己的攻击性，但不放任

我们从小便被教导处处为他人着想，站在他人的角度考虑问题，即使受了委屈也不能直接表现出来，而要进行一定的暗示，即所谓的"凡事留三分"。在这样的思想观念下，攻击性通常是一个贬义词，代表着丧失风度、没有涵养。于是，压抑攻击性的想法更深入人心。

心理学家费什巴赫等人提出，人通过自身的攻击性来表达对周围环境的不满情绪，人的攻击性具有不确定性，恰当的攻击性对情绪有利，对身体和精神也有一定的正面影响。

无论哪种关系，都需要有负面情绪的发泄口，如果有一方完全压抑自己的攻击性，会变得失去底线，这段关系也会变得扭曲。电影《茜茜公主》中，当他人好意为被丈夫家暴的吉卜赛妇女伸张正义时，她却反过来为丈夫说好话。这样的人为了压抑心中的"恨"，以对异性的爱作为掩护，同时以争执、斥责的方式无休止地占据对方的关注，来缓解心中畸形的憎恨。

美国心理学家约翰·多拉德认为，攻击性会在一个人受到挫折或受到伤害时表现出来，而有时短暂的攻击性只是对挫折的一种间接表达。同时，攻击性很容易升级为破坏性，如果你迫使自己变得"强大""不好惹"，并为此对周围的人寸步不让，甚至忽略对他人造成的伤害，那么你很容易受到负面影响，也就是被他人反过来用同样的方式对待。人与人之间的相处也是如此，如果一方温和充满爱意，另一方强势带有恶意，那么这段关系不会长久，彼此都会受到伤害，并留下深刻的心理伤疤。

人的攻击性受先天因素与后天环境等多因素共同影响，与人内心复杂的七情六欲息息相关，很难被观察和测量，但我们可以将其内化为动力。在人际关系中，双方应该学会适当表达自己的攻击性，而不是一方占据强势地位，另一方忍气吞声。只有将攻击性转变为内在前进的动力，关系中的两个人才会更加了解彼此，需求也会更加清晰。

忍气吞声能换来良好的人际关系吗

　　生活中，你喜欢发脾气吗？你有喜欢发脾气的朋友吗？在超市、食堂等地排队时，如果有人插队，你是会默默忍受还是站出来质问？当他人开你玩笑时，你是会为了合群尴尬地笑一笑还是直接表达自己的不满？坐火车时有人想跟你换座位而你又对自己的位置很满意时，你是忐忑又勉强地换座位还是直接说"不行"？去看电影时发现有人已经坐在你的位置上，你是先看看周围有没有空余的位置，然后小心坐下，还是径直走上前说：对不起，这好像是我的位置？

传统思想观念里，我们总是会褒奖那些脾气温和、处事得体的人，而对于那些经常发脾气的人持批判态度。我们几乎不会评判事件本身的对错而是直接给"发脾气"的行为贴上负面标签，认为"发脾气"代表着不成熟的处事方式，而忍让则是智慧的表现。

在很多人看来，人际交往过程中将自己置于低位，态度温和，忍气吞声就可以给自己营造出良好的社交氛围，可以达到保护自己、换取稳定社交环境与良好人际关系的目的。事实真的如此吗？这种社交策略能够达到目的吗？

⊃ 社交的本质和作用

我们先来聊聊社交的本质和作用。社会交往简称为"社交"，指在一定的社会环境和条件下，社会成员之间的物质、精神交流活动。

社交中的交往能力，指个体在进行社会交往活动中所表现出的能力。出于各种目的而产生的社会交往必然会形成一定的社会交往关系。需要注意的是，社会交往关系非常重要，因为它涵盖和体现了人们在社会交往活动中的地位及相互关系。在整体社会关系中，人与人的交往关系及社会生产关系都是社会关系的组成部分，而生产关系，更是社会交往关系最重要的基础。

你会发现，我们通常所理解的社交关系背后其实蕴藏着深刻的规律和原理。人与人之间的交往，往往是出于一种需要，这种需要，就是人们进行社会交往的原初动机。出于自身目的和动机展开的社会交往往往会产生一定的社会交情，即人们在社会交往活动中逐渐培养并表现出来的某种感情。

在理解了社交背后的社会学规律之后，我们再来看看前文所提到的问题，相信你已经有明确的答案了。出于私人目的而展开的社会交往，一定是带有策略性和目的性的。无论你是否承认这一点，你的言行举止都在接受着潜意识的安排和确认。这个人是否值得交往，我从他那里究竟获取到了什么？这些"目的"，你未必会说出来，但内心深处的衡量却从未停止过。

正所谓这个世界没有无缘无故的恨，也没有无缘无故的爱。人们相互接触、交流，无一不携带着自身的想法和目的。为了达到目的，人们会伪装，会长袖善舞，偶尔也会诚恳透彻。但无论是哪一种方式，都是在为达成自己的社交目的而服务。

　　一个客观事实是，在人际交往中态度温和、忍气吞声不一定讨他人喜欢。首先你要知道，交往对象在这段关系中的诉求是什么。如果你身无所长，又没有资源背景，却妄图混入一个有技能特长、资源傍身的圈子中，那么就算你采取如上的社交策略，也难以融入。因为越是这种圈子，越讲究资源互换。一个没有任何资源、信息渠道的人仅仅靠温婉谦卑就想获得圈子里其他人的喜欢和认可，这几乎是不可能的。

　　回到普通人的社交圈层，再来看待你的温婉策略，它会有效吗？也不一定。虽然普通人的社交圈子看起来比拼资源的圈子随和了很多，但是关系内核是不变的。如果你在关系中总是忍气吞声，身边的人可能会"喜欢"你，但是这种喜欢是建立在他对你的使唤和你无条件顺从的基础上的。除非你愿意一直做一个团队或群体里的跟随者，一直无条件地服从他人的意见和调遣，否则，你态度再温和，再善解人意，他人也不一定会真正喜欢你。

⊃ 自我压抑式社交

社会环境经常会给我们灌输"成熟的人要懂得控制情绪"的心理暗示，但人怎么可能一直控制情绪呢？社交过程中忍气吞声的直接后果是自我情绪的积压，属于一种自我压抑式社交。而人对于不良情绪的消化是有限度的，它终究会被表达出来，忍气吞声既可以成为一个人的常态，也可以在某个契机爆发，而这种情绪的井喷式爆发对个人或周围人都是非常危险的，从心理学的角度看，长期压抑情绪可能会导致以下后果。

1. 产生自卑心理

压抑情绪本质上是一种对自我的否定，是一个人认为自己不可以、没有资格表达情绪的表现。这种心理机制一旦在较长时间里被反复验证，就会在内心生根。当事人越压抑，自我否定的程度就越深，直到完全吞噬当事人的自我意识。适度的自卑能够促进个人的发展，促使个人发现自己的不足，但是过度自卑则有可能彻底摧毁一个人。

2. 丧失共情能力

曾经有人对第一次世界大战后的士兵做过研究，很多士兵原本和家人的关系非常好，但是在战争结束以后，回到家却变得很冷漠，无法和以前一样与家人建立亲密的关系。因为这些士兵在战场上经历了太多的恐惧、痛苦，这些强烈的负面情绪没有得到有效处理，一直被压抑在心中，最终导致他们无法和任何人建立正常的亲密关系，即便对方是和他们关系最深厚的家人。

无独有偶，耶鲁大学的研究人员曾做过一项研究，抽取了 231 名参与者（女性占 37.1%），通过两种方式评估参与者的情绪调节方式。过程中，研究人员将参与者分为两组，同时请他们阅读诱发负面情绪的文章，一组通过调整思维方式降低消极情绪，另一组通过压抑不表达来控制情绪。然后要求实验参与者定期进行自我评估，包括填写日常"情绪调节方式"的报告。一段时间后发现，那些持续压抑情绪的参与者的共情能力明显更低。所以，过分压抑情绪的确会影响我们的共情能力，甚至导致共情能力的丧失，表现出对身边的一切都很冷漠的状态，不利于我们在生活中建立良好、温暖的人际关系。

3. 心理扭曲

被压抑的情绪不会凭空消失，积累到一定程度以后，一定会在什么地方爆发出来。如果负面情绪没有得到很好的疏导，情绪形成的张力会逐渐扭曲原有的认知，让人的内心状态变得极度偏激。严重的情况下，可能会因此患上心理疾病。很多心理疾病都是由于长期的压抑所致。所以，当我们有负面情绪时，应该试着将其合理地释放出来。压抑情绪不仅严重影响个人的身心健康，同样也会荼毒亲密关系。

忍气吞声可以换来良好的人际关系吗？答案无疑是否定的。我们需要学会正确地表达自己的情绪，从心理层面看，"发脾气"的行为背后其实蕴含了很多积极的心理隐喻。一方面，负面情绪本身也有正面的意义。就像硬币有两面一样，负面情绪不是洪水猛兽，我们要学会以平常心对待。另一方面，如果我们一味地压制情绪、忍气吞声，那么这些未被合理对待的情绪在未来的某一天一定会反噬我们。

世界卫生组织曾指出：80%以上的人会以攻击自己身体器官的方式来消化自己的情绪。只是很多处在其中的人没有觉察到自己的这种行为是因为长期压抑情绪所致。

适当发脾气，反而能赢得他人的喜欢

我们强调适当发泄并非是指一点委屈也装不下。每天总是充满负能量、喋喋不休的人也是让人厌烦的。从群体心理层面看，混乱、负能量对群体中个体之间的相互影响是巨大的。比如，一个满腹牢骚、胡言乱语的人可以很轻松地扰乱一个团体的正常运行。在工作环境中，你的一句埋怨就可能成为你的把柄，被别有用心的人无限扩大，"祸从口出"就是如此。

○ "发脾气" 行为背后的积极心理隐喻

相比之下，可以正常表述自己情绪的人在人际交往中可以情绪稳定、有条理地说出自己的想法。具体而言，"发脾气"的行为有哪些积极的心理隐喻呢？

1. 拉近彼此的距离

能够合理地发脾气的人往往对人坦诚、不害怕表达自己的喜恶，也不会隐藏自己的脆弱面，更不怕坚持原则，如果你让他不舒服，他就会直接表达。比如，吃完饭你有意让他买单，他会提出"那么下次你请吧""还是 AA 吧"这样的建议，你通常也能欣然接受。人际交往中及时表达自己的观点、情绪有助于化解矛盾，解决问题，而不会导致矛盾越积越多，不欢而散。

留心观察生活你会注意到这样的现象：当你与某个人交情一般时，你们往往会互相表现得很客气，将自己理性的一面展现给对方；而当你们的关系逐渐亲密，建立起比较深入的友谊之后，就会更多地与对方分享自己的感受、看法，展现出自己更加情绪化的一面。这种人际交往规律可以用心理学家荣格提出的"人格面具"理论进行解释。

人格面具理论指出，人们在社会交往时会有意识地掩盖自己真实的想法与感受，就好像戴了面具一般，在不同的社交情境下展示出适合当下情境的样子，而不是展露最真实、感性的自己，只有在关系更亲近的人面前，我们才会摘下面具，展露出更情绪化的自我。因此，当我们真正与某人交心、建立起亲密友谊时，或多或少都会卸下伪装，表露出自己更情绪化的一面。如果你发现你的某个好朋友总是向你展示理性的一面，那么，他可能并未和你真正交心。

从心理层面看，"发脾气"本质上是在展露自己的本性，拉近与他人的距离。通过发脾气可以让身边的人看清你的底线和原则，保护你的基本权益不受侵犯，人们日后也会更加尊重和理解你，而坦诚地表达自己的不满也是对自己情绪的一种尊重。如果一个人从来不发脾气，脸上始终挂着笑容，那么他可能一直都戴着伪装的面具，和身边人的距离感清晰。

美国心理医生贝弗莉·恩格尔在《尊重你的愤怒》一书中对"愤怒情绪"的描述是，这是一种正常、合理的情绪。承认并理解你的愤怒将是你人生中相当重要的一课。一个高情商的人绝不会一味地压抑自己，他们明白如何正确地表达愤怒，甚至经常表达愤怒，当然，这是一种练习出来的能力。

　　为他人着想是一种美德，但是在这之前我们必须先保护好自己，而表达愤怒就是我们保护自己的最佳方式。正如蔡康永所说，高情商不是不发脾气，而是要合理地发脾气，让自己的情绪顺畅地表达，舒服地做自己，才能让自己与世界和谐相处。

　　医师弗里德曼等人在研究肿瘤的过程中发现，患有心身疾病的人群的行为模式具有明显的共性，由此他们提出了三种行为模式，与之相对应的是三种人格倾向。极具事业心和进取心的人属于 A 型人格倾向，A 型行为模式容易积累紧张情绪，导致心血管疾病。遇事顺其自然、从容不迫的人属于 B 型人格倾向，随遇而安、松弛的精神状态导致他们容易罹患消化类溃疡。那些压抑情绪、回避矛盾的人则属于 C 型人格倾向，这类人的肿瘤发病率是一般人的三倍，由此可见，长期压抑自身情绪使身心处于一种不愉快的状态是不利于身体健康的。

2. 通过"发泄"恢复关系

　　和朋友闹矛盾了，恢复关系的其中一种手段便是吵架，因为在吵架的过程中，我们会把积累已久的负面情绪全部发泄出来。坦白说出"我对你很不满"，通过吵架，我认为你已经得到应有的惩罚，我对你的不满也表达给你了。从精神分析的角度看，每个人的心中都有自我防御机制，而"攻击"他人也算是其中一种，发泄自己心中的愤怒是攻击他人的一种形式，其中最高级的方式是通过幽默的方式来发泄。如果一个人能找到一种既不会使人尴尬又能让人听出他的话外音，还能表达出自己愤怒的表达方式，那他一定不简单，智商、情商都很高。

那些能够合理地发脾气的人往往都有自己为人处事的智慧，和他们做朋友你不会觉得有距离感，即使你们可能吵过架，但是每一次吵架都能让你们更加了解彼此。健康的人际关系从来都不是通过一方一味地忍耐获得的。和谐、顺畅的人际关系一定是有边界和底线的，那些积压的愤怒会导致你选择和对方消极相处，甚至出现更深层次的矛盾。生活中，那些高情商的人通常很善于将"发脾气"作为促进情感交流的润滑剂，他们深知人际相处过程中适当地发脾气、表达愤怒不仅不会让朋友们疏远自己，还会让他们更喜欢自己。

➲ 如何合理地发脾气

我们应该如何合理地发脾气呢？首先你要认识到，合理地发脾气意味着我们是在表达自己的感受而不是去批评让自己愤怒的事物，一味地批评对方对于解决使自己愤怒的问题没有多大用处。你可以明确地说出自己现在是什么样的心情，可以是生气，可以是很愤怒，总之可以是任何一个形容词。

在原则问题上，如果对方让你觉得很不舒服了，你可以直接拒绝，或者直接表达愤怒。不要害怕他人会因此不喜欢你、疏远你，连原则问题都试图试探的人，也不值得深交。在表达感受后，你可以提出明确的要求，要怎么做才可以避免这个问题再次出现，一定要得出一个可行性高、具体的方法。真正的朋友会明白，你不是一个没有原则和底线的人，他们更不会因此而疏远你。

害怕被朋友疏远，不敢表达愤怒，忽视自己的感受，无止境地满足、讨好身边的人会让自己陷入疲惫，而这在一定程度上就是讨好型人格的表现。

前文提到，在电视剧《凪的新生活》中，女主角大岛凪是典型的"讨好型人格"，她对待同事、朋友、男友都特别好：当同事工作失误时，小凪会将全部的错揽在自己身上；在公司的合影中，她的眼睛没有睁开，对此她却一点儿意见不敢表达，任由同事将合影上传社交平台；男友喜欢直发，于是她每天提前一小时起床，把头发用夹板夹直。她在同事、朋友甚至男友眼中不过是一个没有主见的人罢了。压抑许久之后，终于有一天，她决定摒弃过去的一切，放弃眼前的工作和爱情，重启自己的人生。直到那一刻她才明白，真正的"尊重"和"喜欢"一定来自于自身人格魅力的释放。无休止地认同他人、在意他人、依赖他人的看法，压抑自己的情绪，只会显得自己没有主见，而这些隐藏的情绪也不会帮助你维系人际关系，长远来看，除了得到很多痛苦，没有任何益处。

维系他人对你的喜欢从来不是隐藏自己的愤怒，而是在合理的情境中恰当地表达愤怒，这可以让人觉得你是一个有自己想法和见解的人。恰当地表示愤怒也在一定程度上让他人觉得你很真实，从而赢得他人的喜欢。

学习情绪管理，从自我觉察开始

在使用微信的过程中，你被人删除过好友吗？知道自己被对方删除好友后，你的心情是怎么样的呢？你又会怎样评价那些说删就删，说不联系就不联系的人呢？

从行为模式上看，选择在社交场景中突然消失体现了情绪的不稳定性，是低情商的表现。情商这个概念，可以说在短短 20 年内便迅速占据了大众的认知，越来越多的人开始感叹情商的重要性，甚至把情商放在比智商更重要的位置。

哈佛大学心理学博士丹尼尔·戈尔曼在其著作《情商》中讲过一个故事，反映了智商和情商对一个人的共同影响。在美国佛罗里达州的一所中学里，一个高中二年级的学生突然拿菜刀砍伤了自己的物理老师，原因竟然是在一次物理测验中，老师给他的成绩是"良"而不是"优"，这个学生其他科的成绩都是"优"，他砍伤自己的老师仅仅是因为他担心这个唯一的"良"会影响他考上哈佛大学。

戈尔曼认为，这个学生是典型的智商高、情商低，而这种智商与情商的不一致，最终扭曲了他的内心。智商和情商是两种不同的能力，一个属于智力层面，一个属于情感层面。智商简称 IQ，指的是智力商数。情商简称 EQ，也叫情绪智力，指的是管理情绪的能力。一般认为，智商是情商的基础，我们对事件的理解都建立在个人智商的基础上，情商的发展则可以为智商的发展确立基本方向，让智力朝着能够为个人产生积极影响的方向发展。

● 如何管理情绪，提高情商

戈尔曼告诉我们，要想管理好自己的情绪，必须先认识它，也就是自我觉察。自我觉察指的是你在情绪爆发时能短暂地跳出自己的状态观察自己，就像一个旁观者一样，能够意识到自己情绪状态的异常。

日本民间流传着一个传说，有一天，一个武士质问一位禅师，什么是极乐世界？什么是地狱？禅师叱责道："粗鄙之辈，何足论道！"武士听后暴跳如雷，拔出长刀，吼道："如此无礼，我杀了你！"禅师平静地回答："彼为地狱。"武士一愣，随后马上收起刀，赶紧向禅师鞠躬，感谢他的点拨。禅师又说："彼为极乐世界。"武士一下子明白了。武士和禅师对话过程中的情绪转变，就是自我觉察在发挥作用。

戈尔曼在《情商》中还提到，应对负面情绪的最佳方法是认知疗法。认知疗法是治疗心理疾病的一种方法，具体做法是对引起自己负面情绪的想法提出疑问或批评，用一种能让自己缓和下来的理由说服自己，实现对情绪的彻底控制。认知疗法的运用必须以自我觉察为前提。

我们以"愤怒"情绪为例，假设你开车行驶在高速公路上，有辆车差点儿撞上你，情况非常危险，你被吓出一身冷汗。后怕之余，你当然会非常生气，这股怒气会让你产生报复的想法，于是你猛踩油门冲上去。此时如果后面有另外一辆汽车向你鸣笛，你还会把怒火发泄到后面那位司机身上。如果放任这样的情绪下去，后果将不堪设想。

　　请注意，在这种关键时刻，如果你对自己的情绪能有自我觉察。比如，你能想到："我现在很生气，也许我不该生气，生气开车太危险。"这时，你可以用一种质疑的态度思考问题，你可以这样想："他不可能想故意撞我，我又不认识他，他肯定有急事儿。"或者你可以这样想："在高速公路上开这么快，这人简直是在作死。我才不会跟他一般见识呢！"这样想之后，你还会很生气吗？很可能不会了，这说明你已经用理性成功地控制住了情绪。

　　看看，有了自我觉察，就好比打开了自救按钮，我们就可以控制住负面情绪，让情绪始终向着对自己有利的方向发展。在互联网时代，在社交软件中拉黑对方可以说是破坏关系的"核武器"，大部分人都是在冲动的情况下做出的拉黑动作，事后回想起来往往后悔莫及。如果人们能在生活中多一些自我觉察，及时控制住自己冲动的情绪，那么这个社会的冲突会少很多。

把关系变得简单，是一种境界

那些高情商的人在面临社交困境或面对自己不喜欢的人时会选择简化社交方式。为避免不必要的麻烦，他们的态度是，无论是微信还是电话号码，我并不删除你，但是也不会联系你，最终我们会达成心照不宣的默契。

"万物之始，大道至简，衍化至繁。"这句话出自老子的《道德经》。意思也很明确，生的意义在于简单，当人走到了一定的人生阶段，或者内心修炼到一定程度，自然就会趋于淡泊，会把生活过得简单。这是因为"简"不仅是一种状态，也是一种能力和境界，更是应对生活最好的策略。

当人的前半生裹挟在物欲中时，他是不会清楚自己到底想要什么的。而人一旦不知道自己的追求所在，就容易被时代所左右，被他人所左右，经常处在恍惚心慌、不知所以的境地。

只有经历过生命巨浪的冲刷，折戟沉沙之后，一个人生命的厚重感才会逐渐显现出来，也就会知道且认同"朴素简单"才是抵制肤浅与浮躁的最好方式。

在此背景基础上，一个成年人的社交状态会比较透明和随意。

从前我很介意陌生人进入我的朋友圈，于是不停地删除无关人等，给自己设立边界。现在，我经常添加陌生人的微信，不再心有顾忌，因为我内心非常清晰：人因事而来，事来而心始现，事去而心随空。哪怕从此静静躺在通讯录里彼此不再联系，也算是一种未尽的缘分，于我并无干扰，但也不会有再联系的理由。

成年人的自我简化，就是从社交关系的简化开始的，也是从对待联系对象的状态开始的。我不删除你，也不会主动联系你，简单的关系，以简单的状态覆盖。

生活中，很多关系发生得不知不觉，也结束得悄无声息，有些关系，并不是你我想要维系的，却是短期内必然存在的，那么该怎么办呢？

现代社交礼节是这样演绎的：允许你存在于我的空间范围内，却不允许被你打扰，这是这类关系最为重要的底线。成年人的社交里普遍存在的这种关系状态其实是一种新的社交礼节，我们心照不宣地遵循着它，又利用着它，不啻一种新型进化。